Cuentos de inmigrantes
en los Estados Unidos

Eduardo Cabrera

Dibujo de portada: Gustavo Ca⌐ ⌐ra

ISBN-13: 978-1533199096

ISBN-10: 1533199094

CONTENIDO

Introducción

Son tantas las veces hoy día que se nos reduce a sólo una cuestión jurídica la inmigración—a una legalidad, documentos, o una imputada amenaza para la economía, cultura, y seguridad nacional de los ciudadanos de Europa, el Mediterráneo o Estados Unidos—que es tan fácil obviar como olvidar que cada caso puede tratarse de un profundo drama para cada individuo o familia que intenta emigrar—de forma documentada o no. Los medios tradicionales y hasta los alternativos, tanto los nacionales como los internaciones—la tele, la radio, la prensa, Twitter, etc.— nos agobian, o más bien inundan, con imágenes de yolas volcadas, niños ahogados, campamentos atestados de millares de seres hacinados, esperando cara hacia un posible futuro—una nueva vida—o a seguir esperando, como basura humana, en un siempre creciente vertedero. Imágenes como éstas deben inspirar en sus videntes compasión, un deseo por activamente hacer todo lo posible por erradicar las injusticias, violencia, codicia e inhumanidad, que hacen que pueblos infelices se lancen a la intemperie y la deriva, y lo desconocido, en busca de mejores opciones. Pero no. Para muchos, lo que provocan es abulia.

Mientras tanto, la retórica mediática que acompaña esas imágenes, con sus miras de provocadora masificación, en vez de ayudarnos a procesar las dimensiones humanísimas de ese drama que ha venido desarrollándose no sólo aquí sino también en varias otras áreas del planeta, nos mantienen fijados, no, obsesionados con el dilema jurídico, económico y social de los países y regiones que se ven 'obligados' a servirles de lugar de paso, si no destinación, y las multitudinarias reacciones desalmadas de parte de quienes arrojan un cierto veneno que inspira movimientos reaccionarios, acciones violentas, y hasta actitudes asesinas. Así es que se nos mantiene enfocados en el dilema jurídico que sufre un país al querer proteger sus fronteras, y menos en el drama humano que se ha venido desarrollando.

Para nuestra gran suerte, Eduardo Cabrera, en esta breve pero impactante colección, *Cuentos de inmigrantes en los Estados Unidos,* nos enfoca precisamente en el caso variopinto de la inmigración hispana a este país de la ya histórica y también actual llegada continua de seres y familias oriundas de tantos distintos puntos de nuestro universo caribeño y continental. No es ni menos dramática ni menos conmovedora esta realidad cuando se compara a la que se describe arriba. Tampoco es menos dañino el impacto de los medios de este país, donde igualmente nos encontramos con la enorme contradicción entre las imágenes y la retórica que consumimos cada día, incoherencia que impulsa la negación de una realidad demográfica que está cambiando para siempre la faz de la nación. Por eso la importancia de esta colección, porque sirve de herramienta accesible para reflexionar sobre este urgente tema. Pero no sólo por eso.

Cuatro cosas hay que realmente destacan en esta colección de cuentos de Cabrera, así como en las obras de su anterior libro *Teatro Breve*. La primera es la forma en que analiza psicológicamente el profundo impacto de la inmigración de distintos inmigrantes—mujeres y hombres tanto de clase obrera como de clase media o profesional—y en las familias que dejaron atrás o tal vez jamás recuperarán. Muchas veces vemos que el estereotipo del inmigrante que se nos presenta es que es analfabeto, obrero y hasta indocumentado. Luego viene su presentación de las distintas circunstancias que pudieran motivar a seres y familias enteras a abandonar familia, comunidad, y suelo patrio—entre ellas la inestabilidad económica, corrupción política, represión, violencia pandillera, falta de libertad, y el narcotráfico. Pero más allá de eso, nos revela las vicisitudes que sufren no sólo personajes pobres, sino también hasta personas preparadas y profesionales. O sea, nos presenta un arcoíris de la realidad, y no sólo una impresión trillada. Como tercer elemento destacado está el hecho de que Cabrera, a diferencia de muchos escritores que retratan los horrores de la travesía en sí, presenta una buena mezcla de esa misma experiencia y de la de las dificultades a veces absurdas que obstaculizan el éxito de muchos después de llegar, tramitar y hasta echar raíces aquí. Por último, destaca su apto uso de lo verdadero y lo imaginado, elementos naturales y sobrenaturales, diálogo y monólogo, realidades y espejismos. Hasta mascotas— también inmigrantes—aparecen en varios cuentos, para sacar a la luz críticas e injusticias, y ayudarnos a reflexionar sobre lo frecuentemente infrahumano de la travesía, al estilo del burro Platero, de *Platero y yo*, de Juan Ramón Jiménez, o el can Sufrelambre, de *Las aventuras de Don Chipote* (la primera novela de inmigración mexicana a EE.UU.), de Daniel Vengas.

Con sus breves y accesible historias, *Cuentos de inmigrantes en los Estados Unidos* escarba en lo más íntimo de la cicatriz humana que sangra verticalmente en nuestra querida Madre América. Como sobreviviente de este viejo asunto migratorio, en su colección Cabrera ha logrado canalizar muchas voces y múltiples experiencias de manera directa y desembarazada. Por medio de los pensamientos y vivencias más íntimas de sus personajes conocemos de primera mano sus aspiraciones y peripecias al intentar llegar, instalarse o adaptarse a lo que ha resultado ser una recalcitrante y reluctante 'tierra prometida'.

Kenya C. Dworkin y Méndez
Carnegie Mellon University

Cámara... ¡Acción!

Cuando llegué a los Estados Unidos me pasó lo mismo que a la mayoría de la gente: me fue mucho más difícil conseguir trabajo de lo que esperaba. Me había hecho tantas ilusiones... tal vez parecidas a las de muchas otras personas: un velero, una hermosa casa con un jardín enorme, y por supuesto con una gran piscina, un auto *súper sport* último modelo, fiestas, permanentes reuniones de alto nivel social y, sobre todo, muchos, muchos "verdes." Fui tan iluso que incluso llegué a estar convencido de que compraría una casa en unos pocos meses. Total... tendría que pagar cuotas tan bajas que...

Era actor. Contaba apenas con veintiocho años, y con la ventaja de poder representar fácilmente personajes de entre dieciocho y cuarenta años sin ninguna caracterización especial. En mi país había estudiado arte dramático por espacio de cinco años, y había participado en una gran cantidad de obras de teatro, adquiriendo una sólida preparación. Venía dispuesto a llevarme el mundo por delante, lo que para mí significaba lo mismo que conquistar Hollywood. Cine, teatro televisión... todo se me hacía fácilmente posible en mi imaginación. No importaba que no hablara muy bien en inglés, puesto que el mercado de trabajo en mi lengua se había expandido considerablemente en los últimos años: muchísimas películas, telenovelas y anuncios, se hacían en castellano. Y cada vez se necesitaban más actores hispanos. El primer agente artístico que visité comenzó diciéndome que si quería trabajar en esta ciudad debía hablar en forma neutra, pues tanto los televidentes como los espectadores de cine y teatro no podrían identificarse conmigo si mantenía el acento de mi país de origen. Me acuerdo como si fuera hoy.

Aquella tarde, en cuanto regresé a mi casa luego de la entrevista, preparé mi grabadora y comencé a practicar. A lo largo de siete horas, en forma ininterrumpida, leí las noticias de un periódico en voz alta. Me había propuesto no dejar ni la más mínima huella de mi acento. Esto no debía ser demasiado difícil para un actor con mi preparación. Mis amigos se mofaban de mí al darse cuenta de la manera absurda en que hablaba. El infinitivo había invadido y conquistado mi lenguaje. Más parecía anglosajón hablando en castellano que español o latinoamericano. Aun así no me importaba, pues sabía que, como cualquier aprendizaje, requería un período de adaptación. Además, estaba dispuesto a hacer el ridículo; sabía que pronto habría de adquirir soltura y naturalidad. En mi trabajo también se burlaban de mí, pero tampoco me importaba. Trabajar de ayudante de mesero era algo transitorio, y me daba cuenta de que la gente que trabajaba en el restaurante no podría comprenderme nunca, pues estaban muy alejados de cuanto tuviese que ver con lo artístico. Además, todas las fuertes emociones que me producían los ataques de mis compañeros de trabajo me habrían de servir para mis actuaciones; los ejercicios de memoria emotiva se enriquecerían bastante.

A los tres meses de trabajo intenso decidí someterme a la primera prueba de fuego: pedirle al más crítico de mis amigos su opinión. Ramón también había sido actor en su país, y tenía una sólida cultura general y buen sentido común. Cuadraba como un excelente crítico. Era una persona muy respetuosa y yo estaba seguro de que sería absolutamente justo e imparcial. Tomé valor y me acerqué a él con bastante temor.

-Está bien –me dijo lacónicamente después de la prueba.

Fue imposible sacarle otro comentario. Me parecía totalmente desconsiderado de su parte que con esas dos palabritas quisiera corresponder a tanto tiempo de sacrificios. Pero entendía que así era él y no podía pretender otro tipo de respuesta. Me conformé con el veredicto de Ramón y decidí entonces someterme a la segunda prueba. Volví a entrevistarme con el agente artístico que había visto antes. Esta vez me recibió con un afecto inusual entre dos personas que apenas se conocen.

Sin embargo, una duda me invadió: ¿sería esa sonrisa, esbozada plásticamente, el producto de un sentimiento genuino o simplemente representaría la expresión de una cruel y despiadada burla? Preferí no pensar más en ello. Le supliqué que me tomase una prueba, a lo cual accedió de inmediato. Me dio a leer un libreto de una telenovela que se estaba produciendo en ese momento. Puse gran empeño para hacerlo con naturalidad. Para mi sorpresa, cuando terminé de leer el segundo parlamento, el agente se puso de pie y me aplaudió. Me dio un abrazo que juzgué otra vez como demasiado cariñoso; esto me produjo un choque y un rechazo espontáneos. Observé que mi fría actitud hacia el extraño hombre había tenido como efecto cierta decepción en él. De inmediato adoptó una pose fría y "profesional." Me dijo que me avisaría en cuanto "hubiese algo." Le pregunté cuándo creía él que podría haber una oportunidad para mí.

-Imposible predecirlo. Ya sabe usted cómo son estas cosas.

Tal vez lo llamamos mañana mismo, en un año o quizás nunca. Efectivamente yo sabía cómo eran "esas cosas."

Una semana me tomó para recuperarme de la gran depresión que me había causado aquella experiencia. No quise hablar con nadie. Casi me despiden del trabajo, pues ni siquiera al dueño del restaurante me animaba a hablarle. Era como si algo hubiera muerto dentro de mí. Comprendí entonces que mi depresión había sido causada por mi propia forma de enfrentar los problemas, y que en definitiva así como yo mismo había "decidido" estar deprimido, así también podía tomar la decisión de dejar de estarlo. Dejé pasar unos días más hasta que estuve completamente repuesto y más animado. Pensé que debía ver a otro agente. Sabía que para lograr algo en ese ambiente tendría que visitar a varios agentes hasta encontrar a uno que me valorara. Conocía también los problemas que hay en ese ámbito y el poder desmesurado que tienen algunas personas encargadas de hacer la selección de actores.

El segundo agente que visité me pareció un hombre honesto, con tanta experiencia como el anterior, pero me cayó mejor. Sintiéndose en confianza conmigo, el anciano me mostró con orgullo las fotos de sus nietos, quienes también eran actores. Esto me tranquilizaba. Luego de explicarle mis intenciones, don George McCurdy (Jorge García era su verdadero nombre) me alentó, diciéndome que recordaba lo duro que habían sido sus comienzos cuarenta años atrás cuando llegó a los Estados Unidos, y como él sabía "lo que es sufrir," estaba dispuesto a ayudar a gente como yo. Me tomó una prueba de lectura y le gustó el grado de neutralidad de mi manera de hablar. En ese momento empecé a sentir que lo que estaba haciendo era como movimientos de piezas de ajedrez que iban logrando ocupar posiciones estratégicamente cómodas en el tablero.

Sin embargo, luego de alabarme por mi forma de hablar,

el agente me dijo que para él lo más importante no eran tanto la voz ni el lenguaje sino la apariencia física. Supuse entonces que don George me iba a pedir que me inscribiese en un gimnasio y me dedicara a desarrollar más mis músculos, o que hiciera ciertos ejercicios para lograr una mayor elasticidad corporal. Yo esperaba que me sugiriera también que tomara clases de yoga o de esgrima, actividades que había realizado en la escuela de arte dramático de mi país. Pero nada de eso tenía en mente aquel hombre.

-El problema es la nacionalidad que representa —señaló escuetamente don George.

¿Acaso no le había demostrado haber logrado la neutralidad necesaria? —me preguntaba.

Sí, pero sólo en el plano vocal. El físico era otra cosa; y para él lo fundamental.

El agente me explicó que si yo aparecía en un programa o en un anuncio de televisión con "esos bigotes," el público pensaría que soy mexicano, con lo cual "estaríamos perdiendo una gran cantidad de clientes; los anunciantes pondrían el grito en el cielo." Le dije que eso no era problema; simplemente me afeitaba los bigotes "y listo." Me pidió también que cambiara el estilo de mi peinado, porque, me dijo:

-Lo hace parecerse a Carlos Gardel! Y si es identificado como argentino... entonces sí que nos jodemos –exclamó don George. –Eso sería mucho peor –agregó.

Finalmente el agente me dijo que luego de que me afeitase el bigote y cambiase el estilo de mi peinado, podría volver a concertar otra cita con él, y recién entonces me hablaría de las posibilidades de trabajo.

Regresé a mi casa con más esperanzas, aunque bastante molesto. Eso de cambiar el estilo de mi peinado pasaba, pero afeitarme el bigote... Hacía diez años que llevaba bigote y no me gustaba nada la idea de afeitármelo.

Estaba reflexionando sobre esto cuando sentí el timbre del teléfono. Una productora, en cuya oficina yo había dejado mi fotografía, me invitaba a una entrevista; pero tenía que ser esa misma tarde, pues a la mañana siguiente ella partiría para Europa, en donde habría de permanecer un mes. Acepté inmediatamente. Me cambié en cinco minutos; salí de casa volando y tomé un taxi con el dinero que tenía apartado para comprar comida. Luego de pasar por lugares que nunca antes había visto (y ni siquiera imaginado), una mansión de Beverly Hills se impuso ante mis ojos. Un largo caminito bordeado de florcitas amarillas y rojas llevaba hasta la entrada de la magistral mansión. La puerta, de elegante madera lustrada color marrón claro, tenía en el centro un hermosísimo vitral tricolor. Varias columnas sostenían aquello que, más que una casa, parecía un castillo. A medida que iba caminando por aquél distinguido sendero, la puerta comenzó a abrirse muy lentamente, como siguiendo el ritmo de mis pasos. Entré, no sin temor, observando un panorama espectacular. Todo era de mármol blanco: las paredes, el suelo, y hasta unas columnas que se imponían por sus majestuosos contornos revestidos en un suave color dorado. Por un momento me pregunté porqué habría tantas columnas por fuera y por dentro de la casa.

Del techo colgaban unas lámparas circulares con motivos egipcios en su interior. Un sinnúmero de cuadros surrealistas contrastaba con la pureza de las paredes. Una escalera de grandes proporciones llevaba a las que supuse eran las habitaciones.

-Madame Susú –dijo una voz sensual con marcado acento francés proveniente de atrás mío. Una hermosa dama recubierta en pieles de color castaño extendía su mano derecha esperando ser besada. Me sentí anticuado besando "dulcemente" esa mano que se me ofrecía como un signo de confianza y refinada educación.

Luego de presentarme y explicar el motivo de mi visita, me quedé sin saber qué decir. Mientras tanto, la francesa me miraba con especial interés. Me invitó a pasar a una pequeña sala decorada con muebles modernos. En ese momento pensé que ese estilo no hacía juego con el de la sala de recepción, aunque como nunca entendí nada de arquitectura ni de decoración, desestimé mis consideraciones críticas. Retomé la palabra y hablé sin parar por espacio de una media hora sobre mi personalidad, gustos, preferencias, objetivos, mi vocación artística, mi amor por los gatos, mi interés por la filatelia, mi signo astrológico, y cuanta tontería salía espontáneamente de mi descontrolada boca. Viendo que yo ya no podía continuar la improvisación, madame Susú se decidió a hablar: - ¡Excelente! —exclamó divertida. Y no hizo ningún otro comentario más.

Le pregunté si ella creía que yo tenía buenas posibilidades de progreso en el campo de la actuación, a lo que me respondió que dejase todo en sus manos. Al mismo tiempo me pidió que me pusiera de pie porque me iba a tomar algunas fotografías, pues no era suficiente la que le había llevado a su oficina. Tomó su cámara fotográfica y me sugirió que adoptara una posición relajada. Después de la primera foto me dijo que me abriera la camisa y me expresara sensualmente. Le pedí que por favor me explicase qué quería decir con eso de que me expresara sensualmente. Me propuso entonces que pensara en una escena en la que estuviera teniendo relaciones sexuales.

Creo que me ruboricé bastante y ella lo notó. La francesa decidió entonces que me ayudaría en forma práctica, pues era muy importante "que las fotos salieran bien." Mientras madame Susú me acariciaba el cuerpo con una mano, con la otra me llevó mi mano izquierda a su nalga derecha, que era esponjosa y suave. Todos sus movimientos surgían con absoluta naturalidad, como si hubieran estado previamente calculados. Nos estábamos besando cuando comencé a escuchar unos sonidos onomatopéyicos que provenían de la habitación contigua.

-Son Alain y Lulú –me dijo la francesa con total sencillez. Y ante mi asombro me preguntó:

-¿Quieres entrar?

Me quedé absolutamente anonadado. No sabía si preguntarle inocentemente si no creía que sus amigos se molestarían por nuestra irrupción inoportuna, o si aclararle diplomáticamente que yo no era ningún *voyeur*. Estaba pensando esto cuando automáticamente comencé a caminar. Alain nos miró muy contento y nos recibió como si fuera el anfitrión de una fiesta formal, dándonos la bienvenida en francés e invitándonos a ponernos cómodos. Lulú estaba demasiado ocupada debajo de las sábanas como para darse cuenta de que un par de intrusos amenazaban con invadir su santuario. Lo cierto es que la cama no nos quedó chica, por el contrario, aun sobraba espacio. No sé si fue Lulú o madame Susú la que apretó fuertemente mi cuerpo contra el suyo, mientras un par de manos acariciaban mis brazos y alguien besaba mi espalda.

Creí que era un seno de la francesa el que agarré, pero me di cuenta de que era demasiado delgado para ser un seno. Intenté bajarme de la cama pero una boca, que después supe que era de Lulú, se abrió y clavó sus dientes sobre mi hombro derecho impidiéndome cualquier movimiento. Madame Susú, en un arranque de celos, me liberó apartando violentamente a su amiga, y con igual energía me tiró al suelo cayendo luego ella sobre mí.

Todo terminó con la misma parquedad con que comenzó. Sin dar ninguna explicación, madame Susú me despidió con un beso en la mejilla y muy maternalmente me pidió que me cuidase mucho... Caminé. Caminé tratando de despejarme y aclarar un poco las ideas que se revolvían dentro de mi mente sin hallar coherencia. Pero también decidí caminar hacia mi casa para recuperar parte del capital que había invertido en el viaje en taxi. Al llegar a mi hogar me acosté inmediatamente, y resolví que al día siguiente me afeitaría el bigote y cambiaría el estilo de mi peinado. Como era lunes y los lunes no va mucha gente al restaurante, le pedí a una vecina que llamase por mí para dar parte de enfermo; así sería más fácil y no tendría que dar muchos detalles ni explicaciones.

-Bigotes y radical cambio de estilo —le ordené a mi amigo el barbero. Elegí de un catálogo el estilo de peinado que consideré más opuesto a mi personalidad; de esa forma, si no le gustaba a don George no me molestaría volver a cambiármelo.

-¡Fantástico! –exclamó el viejo agente cuando me vio.

-Esto era precisamente lo que necesitábamos –agregó.

Me sorprendió sentir que la muy positiva reacción de don George no me causaba una gran alegría. Me dijo que ese mismo día comenzaría a tenerme en cuenta para todas las oportunidades que se presentaran. Programas de televisión, anuncios, películas, importantes obras de teatro, espectáculos especiales, etc., etc. Todo estaría a mi disposición. Claro que cada oportunidad implicaba también la necesidad de asistir a una audición. Ya sabía yo que a cada audición se presentaban cientos de aspirantes. Sin embargo, había algunos papeles que se ofrecían sólo a actores de agentes muy renombrados, y para mi suerte don George era uno de esos.

Tuve la gran alegría de resultar finalista en una de esas audiciones; de ochenta actores que participaron quedamos cinco. El proyecto consistía en una nueva serie de televisión para la cual buscaban al protagonista. Sólo un pequeño detalle ponía en peligro mi elección. Don George se había enterado, por medio de uno de sus "informantes," que la persona encargada de hacer el *casting* estaba muy entusiasmada conmigo. Sin embargo, una cosa la ponía en duda: mi nariz. "Si la tuviera un poco más delgada y respingadita," habría dicho la importante mujer. Para don George valía la pena hacer el cambio. Después de todo, me explicaba, en realidad no era ningún sacrificio pues significaba una mejora aun para mi vida real. Le expliqué entonces que si fuera por la carrera lo haría sin pensarlo dos veces, pero que no contaba con los recursos económicos necesarios para solventar una cirugía de ese tipo.

-¿Qué son siete u ocho mil dólares? –preguntó retóricamente don George.

-Nada –se respondió.

Además, él mismo pondría el dinero y lo descontaría luego del producto de mi trabajo. No había ningún inconveniente; todo estaba perfectamente arreglado. Y así, las cosas sucedieron de una manera increíblemente rápida...

Con mi nueva nariz me presenté más de dos horas antes de la grabación del primer programa. Quería impresionar al director con mi conducta profesional. Al poco tiempo me di cuenta de que todos se proponían hacer exactamente lo mismo conmigo: director, camarógrafos, ayudantes, todos querían quedar bien con "la estrella." Caí en la cuenta de que yo ya no era el mismo de antes, pues a partir de ese momento era el protagonista de una serie de televisión que se transmitiría por todo el país. Por fin había logrado mi objetivo: vivir de la actuación. Y vivir muy bien, pues los pagos por esos programas eran excesivamente altos.

Todo salió como estaba previsto. Mejor aún. Mi actuación, según decían los que trabajaban en el programa, había sido magistral. Salí del estudio con una alegría desbordante. Me hubiera gustado gritar mi triunfo a mil voces. Pensé que lo que me daría más felicidad en ese momento sería hablarle a mi familia en mi país y contarle lo de mi éxito. Decidí que primero iría a darles la noticia a mis ex-compañeros de trabajo. Tomé un taxi, pero esta vez sin ningún resquemor.

Entré en el restaurante tratando de no llamar la atención; elegí la mesa del centro. Pedí un café haciéndome el pedante y fingiendo no conocer a nadie. El mesero me atendió con la misma frialdad; pensé que me estaba siguiendo el juego. Pero Alberto, con quien habíamos trabajado juntos por más de un año, no me reconoció. Quise entonces poner a prueba mis habilidades histriónicas. Dije que no estaba conforme con el servicio y exigí que se presentara "en persona" el dueño del restaurante. Cuando éste llegó y tampoco me reconoció experimenté una sensación extraña.

-Disculpe, señor, el problema ocasionado por ese empleado; ya mismo lo atenderá otra persona.

Nunca antes en mi vida había sufrido tanta vergüenza. Y sentí como si de repente me hubieran vaciado por dentro.

Como un autómata, dije que había un mal entendido, que el servicio había sido estupendo, y que me disculparan por la molestia. Tuve un momento de gran confusión y salí rápidamente de ese lugar tratando de no ser visto por nadie más.

Intenté consolarme proponiéndome que, para borrar esa mala experiencia, lo mejor sería hablar por teléfono con mi madre. Seguramente se alegraría por mi programa de televisión y estaría ansiosa de que le contara todos los detalles.

-¿Mamá? –grité con entusiasmo.

Un extraño ruido interrumpió la comunicación. Estaba casi seguro de que mi madre me había atendido. Confiando en la posibilidad de un desperfecto técnico, volví a llamar.

-No sea imbécil –respondió mi madre. –El único hijo que tengo está en los Estados Unidos. Y deje de molestar o lo voy a denunciar a la policía –agregó furiosa.

Tampoco mi madre me había reconocido. Le envié una carta con dos fotos mías: una antigua y otra con mi nueva imagen. Nunca me contestó. Yo no podía creer lo que me estaba pasando. Tenía que encontrar una solución.

Esa noche, antes de acostarme, sentí una molestia en la nariz. Me dirigí al espejo. Allí estaba mi madre. Era su rostro, podría jurarlo. La única persona que podía peinarse así: un mechón negro perfectamente colocado en el costado derecho y formando un círculo completo.

Han pasado ya muchos años desde aquella noche… ya perdí la cuenta. Estoy seguro de que fue uno de los otros cuatro actores que aspiraban a reemplazarme quien me hizo esto. O tal vez fue mi madre; nunca aceptó la idea de que yo fuese actor. Nunca me contestó la carta. O quizás me interceptaron el correo.

No sé cómo voy a seguir haciendo mis programas desde aquí adentro. ¿Cómo se les ocurre? Y esa rejas… no creo que a mi público le guste este decorado. Sí. Lo primero que voy a hacer mañana al llegar al estudio es pedir que me cambien el escenógrafo.-

Selección de personal

Hacía mucho tiempo que don Pancho esperaba esta oportunidad para su hijo. Juan se había recibido de psicólogo hacía ya tres años, y no había podido encontrar un trabajo relacionado con su profesión. Después de trabajar como mesero en un restaurante de baja categoría, como empleado administrativo en una escuela, y cartero en la oficina de correos de su barrio, Juan veía la nueva oportunidad como caída del cielo. Trabajar como psicólogo en una clínica para veteranos de guerra le parecía un sueño. En cuanto se enteró de la noticia, don Pancho organizó una gran fiesta a la que invitó no sólo a familiares y amigos sino también a los vecinos (con quienes no tenía una relación estrecha), y a cuanto conocido podía contactar.

Estaba muy orgulloso de su hijo y deseaba fuertemente que todo el mundo compartiera con ellos esta gran dicha. En realidad, a Juan no le agradaba mucho ese tipo de fiestas; más bien le resultaban chocantes. Por un lado, su timidez lo hacía alejarse de reuniones con mucha gente. Por otra parte, una fiesta en su honor por el hecho de haber conseguido trabajo le parecía algo absurdo. Pero por el gran afecto que sentía por su padre, decidió no ponerse en oposición y aceptar con resignación la celebración.

La noche de la fiesta, doña Estela, la madre de Juan, sacó a relucir todo su arsenal de joyería. Aunque eran muy pobres don Pancho siempre se había encargado de hacer lucir a su mujer bien y "presentable." La madre de Juan padecía de una falta total de modestia; la discreción no era precisamente una de sus virtudes. Si don Pancho estaba orgulloso, la actitud de su esposa era mucho más que orgullo. Ella había asumido una actitud bastante pedante que demostraba a cada uno de sus vecinos, amigos y familiares. Era muy difícil hacerla callar cuando de su hijo se trataba. Doña Estela se constituyó en el foco de atención de la fiesta por su manera excéntrica de vestirse, sus joyas vistosas y su exagerado maquillaje.

Durante toda la noche Juan se mantuvo en un rincón de la sala, tratando de no llamar la atención y evitando lo más posible todo contacto con los invitados. Bandejas de sándwiches y diversos tipos de deliciosos bocadillos pasaban de un lado a otro de la casa. Don Pancho había gastado los últimos ahorros para la celebración en honor a su hijo. Después de todo, cuando Juan se recibió de psicólogo no se había hecho ni siquiera una reunión familiar porque "el dinero no alcanzaba" (según decía el jefe de la familia).

Antes de la importante reunión don Pancho le había hecho saber a su hijo que tenía que sentirse doblemente orgulloso, pues como nuevos inmigrantes tenían que soportar muchos obstáculos tanto para poder estudiar como

26

para conseguir un buen trabajo. Sin embargo, su hijo no se consideraba diferente a los demás en ningún sentido; haber terminado su carrera no era para el muchacho una proeza sino la culminación de un camino normal en su vida. Leticia, una ex-compañera de Juan de la universidad, se acercó sigilosamente al homenajeado con la intención de darle una sorpresa.

-Gracias por haber venido -le dijo Juan al percatarse de su aparición.

La conversación entre ambos pronto se volvió monótona, lo que convenció a la muchacha de que lo mejor sería irse para dejar que su amigo se quedara tranquilo sin tener que fingir alegría. Ella había percibido algo extraño en la actitud de su ex-compañero de estudios, aunque no alcanzaba a entender bien lo que sucedía.

El doctor Morales, psiquiatra de la clínica donde trabajaría Juan, también se hizo presente. Bastante obeso, con una barba al estilo de Freud, y luciendo un impecable traje gris oscuro, su presencia se hacía notar entre los invitados. Siendo el único hispano empleado en ese lugar hasta la llegada del nuevo psicólogo, don Pancho se había encargado especialmente de invitarlo.

-¡Felicitaciones! -le dijo el psiquiatra a Juan mientras le daba un fuerte abrazo.

-¡Por fin somos dos! -agregó exaltado.

Juan no alcanzó a entender el significado de esta frase, y decidió seguirle la corriente a su interlocutor. Lo que menos quería era tener algún mal entendido con quien sería su futuro supervisor.

Luego de media hora de mantener una conversación superficial, el Dr. Morales repitió:

-Por fin somos dos.

Ante la cara de asombro de Juan, el psiquiatra aclaró:

-Dos hispanos. Ya era hora de que cumplieran con el porcentaje de minorías requerido por la ley.

En ese momento Juan sintió un temblor extraño en la barbilla. Sus manos se helaron en forma repentina. Su respiración aceleró el ritmo como nunca antes. Los ojos se le cubrieron con una cortina transparente. No dijo nada. Ni siquiera tuvo fuerza para suspirar. Un segundo eterno paralizó sus funciones vitales. El doctor Morales le aclaró que su selección había sido hecha exclusivamente teniendo en cuenta su preparación académica y sus condiciones para el puesto. Claro que las autoridades de la clínica habían tenido que cumplir con la ley de Acción Afirmativa, que abogaba por la defensa de las minorías. Pero el psiquiatra insistió en que no se trataba de cuotas sino que el puesto se lo había ganado. Además, era importante que los pacientes hispanos -decía- tuvieran la posibilidad de tener terapia con una persona de su propia cultura, alguien con quien pudieran identificarse. De ahí pasó a hablar sobre los pacientes que habían participado en más de una guerra, y señaló el alto porcentaje de soldados hispanos caídos en combate. Intentó cambiar de tema una y otra vez. Pero la semilla había sido plantada. Mientras el Dr. Morales hablaba, Juan pensaba en sus "antecedentes profesionales," como mesero, cartero...

Esa noche el joven psicólogo no pudo cerrar los ojos. Recostado desnudo en su cama, con los ojos fijos en el techo, Juan trataba de contener una avalancha de ideas que iban y venían por su mente de manera incontenible.

-Prefiero ser cartero -expresó en voz alta como dirigiéndose a un ser superior.

En algún momento de ese tiempo eterno, su novia estuvo en su cuarto. Adriana recorrió el cuerpo de Juan varias veces y de diversas maneras. El pecho frío del hombre y sus extremidades prácticamente congeladas lo habían transformado en un ser cuasi petrificado. Al no recibir la respuesta de ningún signo vital, la pobre muchacha se fue sin dejar ninguna huella. Ni siquiera Juan hubiera podido atestiguar sobre el paso de aquella mujer por ese lugar, pues éste no había sido registrado en su memoria.

A la mañana siguiente, don Pablo fue el primero en enterarse de la decisión de Juan; éste le contó su resolución de no aceptar el trabajo en la clínica. Incrédulo, el anciano se echó a reír a carcajadas. Sin embargo, su corazón fue más realista y dio cuenta de la verdad a la que se enfrentaba. Doña Estela sintió tanta vergüenza que no se animaba a hablar con nadie, ni siquiera con sus propios familiares. Nunca más se la volvió a ver por el barrio. Dicen que lo poco que comía se lo encargaba a una mujer desconocida.

Tres días después del entierro de don Pablo, a Juan mismo le tocó llevar una carta a la clínica. Estaba dirigida a Enrique García, el nuevo psicólogo.-

Juanita Maquila

Juanita Maquila quiere trabajar y no la dejan. Hoy no porque está embarazada. No puede ocultar su barriga cargada de bendiciones. Camina largos senderos, pero de aquellos que se bifurcan. Juanita deambula siempre en todas direcciones buscando trabajo. Quiere compartir su dichosa experiencia con la máquina de coser. Su panza tiene que desaparecer pronto... de cualquier manera. Darles de comer a sus hijos es su deber; aquellos que ya están en la tierra tienen la prioridad...

-El otro o la otra no vendrá –dice la partera. Y se cumplirá su profecía.

Juanita sigue caminando; ahora sí... a sacarse ese peso de encima. Lo que antes era ilusión y luego estorbo, devino polvo y se lo llevó el tiempo. No hay tiempo para culpas; hay que buscar el sustento para los chicos. Ellos están hambrientos y solo saben de hambre y miseria.

En la cola de los muchos que aspiran a seguir viviendo un poco más, Juanita ve otros rostros que le dicen: "Vete... aquí no hay lugar para ti." No hay amigos cuando de sobrevivir se trata. Por fin, ella es la triunfadora; se lo merece, al menos por haber sufrido tanto. Juanita, con sus ojos grandes –color esperanza- clava la mirada en su única amiga: la máquina de coser. Cose y cose, día y noche sin parar. Cincuenta esperanzas –cincuenta centavos por hora.

La felicidad se multiplica por cincuenta. Pero cuenta cincuenta y no le alcanza. Sin cuenta que sea suficiente... Como sea, tiene que seguir.

Juanita quiere ir al baño. No se puede. No hay tiempo que perder, ni siquiera para pedir permiso. Coser y coser es su misión. Rápido, más rápido. Su mirada se pierde en el ovillo del hilo. Otras usan las máquinas y los husos se rompen. Rojo, azul, verde, esperanza. Sus manos no paran; no pueden, no tienen permiso. Su cuello endurecido ya no rota más. Rotos están los husos que no quieren cooperar.

Un pequeño dolor por allá abajo se disipa con el tiempo.

Las piernas se acalambran, pero tampoco hay dolor. Los pies se duermen; total, no tiene que pararse; siguen en movimiento. El ovillo del hilo sigue girando; la mirada perdida de Juanita se confunde con los colores. Rojo, azul, verde, esperanza. Sin cuenta...

Y así pasan las horas, los días, los meses, los años, las alucinaciones de los ansiados baños, las miles de veces que utiliza la máquina de coser. Y en el devenir del tiempo encuentran a Juanita enredada en los hilos: rojo, azul, verde...

La alegría invade al pueblo. Una muchedumbre ansiosa se agolpa detrás del cuerpo coloreado de Juanita. Enérgicas carcajadas inundan el ambiente. La cola ahora se extiende por todo el barrio. Entre la multitud de aspirantes se destaca la hija mayor de Juanita, con sus ojos grandes color esperanza. La eligen a ella; sin duda ha heredado las habilidades de su madre. También tiene que deshacerse de esa carga que no le permitiría producir como su madre. Y como su madre, pronto puede identificarse con quien sería su única amiga: la máquina de coser. El mismo dolor allá abajo visita a la feliz muchacha. Los mismos colores, la misma esperanza, los mismos olores teñidos de añeja humedad. Sin cuenta... sabe cumplir como su madre. Para orgullo del pueblo. La encuentran... rojo, azul, verde...

Una vez más la muchedumbre enardecida se agolpa en la interminable cola. Ofrecen las mismas esperanzas... y los mismos colores... Pero esta vez es diferente: dos hijas de Juanita se disputan el puesto. La elección es muy difícil. Las dos clavan sus grandes ojos, como luceros gigantes, en la misma máquina de coser. Y mientras una arregla el huso, y trata de ajustar el ovillo del hilo, la otra sigue con su pie derecho embarcada en un ritmo vertiginoso. Mano y pie se alternan en un juego inagotable. Un rechinar metálico acompaña la ceremoniosa labor. Las venas de sus ojos surgen haciendo gala de su majestuoso color rojo, del mismo tono que el hilo que recorre aquellos imbricados espacios. Y así pasan las horas, los días, los meses, los años, las alucinaciones de los ansiados baños, las miles de veces que utilizan la máquina de coser.

¡Qué hermoso espectro de colores perfila el relieve de las dos viejitas! Aquellas que fueron insultadas y temidas como malditas competidoras, hoy son recordadas con el afecto que se ganan los que llegan a edades impensables. A quien nadie recuerda, tal vez, es a Juanita Maquila... la de los ojos grandes.-

El ciudadano

Habían pasado cinco años desde que Rigoberto obtuvo la residencia permanente en el país. Según el reglamento, ese era el tiempo necesario para poder aspirar a convertirse en ciudadano. Oriundo de Tierravirgen, un pequeño país latinoamericano fundado en el siglo pasado, Rigoberto había emigrado en busca de un futuro mejor. Su esposa y sus hijos se habían quedado en su país de origen, en espera de que él obtuviera la ciudadanía y los pudiera ayudar para arreglar los documentos correspondientes y así poder emigrar.

Debido a que vivía en un pequeño pueblo de Texas, le tocó viajar a Dallas para tomar el examen de ciudadanía. Nunca antes había estado en una gran ciudad. Lo encandilaron sus miles de luces, lo invadieron sus insoportables ruidos permanentes, sintió que lo penetró hasta lo más íntimo la contaminación, pero lo peor fue que más de una vez se salvó de morir atropellado por los cientos de autos que no respetaban su ignorancia de las leyes de tránsito. Como los nervios atacaban su estómago sin piedad, decidió comer sólo un sándwich hasta la hora del examen. Además, de esa forma no gastaría tanto dinero. Y luego paseó sin rumbo por aquellas calles desconocidas. Caminando por una de esas avenidas sin nombre, alcanzó a ver una cruz a lo alto de una cúpula maravillosamente decorada. Se acercó rápidamente, y reconoció algunos rasgos que lo hicieron pensar en que sería una iglesia católica. Consideró la posibilidad de entrar, relajarse un poco, y pedir que todo le fuera bien; no por él sino por su esposa y sus pequeñuelos. Alcanzó a ver, a través de una ventana, un grupo de personas reunido alrededor de una mesa. Una señora que percibió la llegada del intruso, se dirigió en forma inquieta hacia la puerta, y sin permitir palabra alguna de ese hombre inoportuno, le dijo secamente:

-La iglesia está cerrada.

Rigoberto sintió una sensación de absoluta impotencia. Sus piernas temblorosas lo llevaron lejos de ese santuario de privilegio. Su confusión fue tal que lo hizo olvidar por un momento el propósito de su llegada a esa ciudad de gente extraña. Caminó llevado por un impulso sin sentido. Para cualquier lado. Sin embargo, una fuerza desconocida lo ayudó a arribar a su destino. Se sorprendió al ver la gran cantidad de gente que se agolpaba en una cola interminable frente al edificio del Servicio de Inmigración y Naturalización.

Afortunadamente, debido a que tenía una cita, le tocó hacer una cola no tan larga al lado de la puerta de entrada. La hora que estuvo que esperar no le resultó tan pesada.

Aprovechó para planear todas las actividades que haría con su esposa y sus tres hijos a la llegada de éstos. Pensó en la escuela, fantaseó con la imagen de una maestra cariñosa para sus pequeños, y consideró también el período de adaptación y las dificultades por las que atravesaría su familia al enfrentarse con un nuevo idioma y un distinto estilo de vida.

No le gustó ser revisado de pies a cabeza por los guardias de seguridad, aunque aceptó sin protestar la medida. Las dos horas que tuvo que esperar en el interior del edificio tampoco se le hicieron pesadas, pues tenía una cantidad interminable de cosas que pensar. La posibilidad de votar en las próximas elecciones lo mantuvo entretenido revisando mentalmente las ideas y posiciones de los candidatos respecto de la comunidad hispana. Si bien no entendía mucho de política, quería instruirse en la materia, sobre todo para darles un buen ejemplo de participación cívica a sus hijos.

Por fin llegó la hora del examen. Se había preparado durante meses, practicando por horas cada una de las cien preguntas y respuestas que debía memorizar. A pesar de su poca educación (cuarto grado de escuela primaria), eran tantas las ganas que tenía de traer a su familia que había actuado con gran responsabilidad estudiando muchísimo para ese examen. La entrevista comenzó con algunas preguntas sobre su situación personal: si mantenía el mismo trabajo que figuraba en la solicitud, si había cometido algún crimen, si estaba dispuesto a defender el país, etc., etc.

Mientras contestaba, a Rigoberto lo invadían las imágenes de su esposa y sus hijos. Y pensaba una y otra vez:

-Lo tengo que hacer bien por ellos.

Diez preguntas sobre la historia y el gobierno del país le hicieron al hombre. Muy velozmente las fue contestando con admirable tranquilidad. A lo largo del examen iba sintiéndose cada vez más orgulloso, no por un sentido de patriotismo ficticio, sino por sentirse que estaba cumpliendo con su familia. Los años que había vivido sufriendo una soledad espantosa, pasaban por su mente en una serie de rápidas imágenes libremente asociadas. Rigoberto siempre había cumplido, enviándole casi todo su salario a su familia.

Sin embargo, sentía que aprobar ese examen era el punto culminante de su deber como padre y como esposo. Era un gran ejemplo, y le daría la posibilidad de reunirse con su querida familia.

¡Cuántos cumpleaños de sus hijos había perdido! ¡Cuántos momentos de gran significado no habían podido compartir! Pero nada de eso importaba. Cuando la empleada de esa oficina federal le dio la mano y lo felicitó por haber aprobado el examen, se le llenaron los ojos de lágrimas pensando en lo triste que era no poder compartir ese momento tan importante para su vida con su amada esposa y sus queridísimos hijos. A lo largo de aquellos años había pasado por muchos momentos amargos: enfermedades, robos, accidentes, y un sinfín de problemas más. Había soportado todo eso con gran estoicismo, sabiendo que al cabo de cierto tiempo le llegaría la compensación de poder estar con su familia. Sin embargo, lo que más lo hacía sufrir era que esas alegrías, esos triunfos de gran significado para él y los suyos, no los podía compartir con sus seres queridos. Imposible gozar de nada bueno en soledad. No obstante, trató de que esta vez las cosas fueran distintas; intentó convencerse de que su esposa y sus hijos estaban con él, al menos en espíritu. Era algo muy grande como para no sentirse feliz. Tenía que darse una oportunidad.

Rigoberto salió del edificio saltando y gritando. Toda la gente lo miraba sin poder entender lo que le pasaba a ese hombre loco que se animaba a interrumpir el tráfico de la gran ciudad. Corrió por infinitas calles sin darse cuenta del transcurso del tiempo. Tomó un autobús cuyo recorrido hacia el aeropuerto tuvo que soportar con impaciencia. El avión, esta vez, le pareció más chico; se sentía incómodo físicamente, pero como si se hubiera hecho una limpieza mental. Al llegar a la ciudad donde vivía, ésta le pareció demasiado pequeña también; no se podía comparar con Dallas. Pero todo estaba bien, en orden. Ya faltaba poco tiempo para lograr su gran meta. Antes, un trámite burocrático más: la ceremonia de juramento para obtener la ciudadanía. El último peldaño.

Doscientas personas participaban de la ceremonia de naturalización. Doscientos nuevos ciudadanos. Muchos de ellos tenían genuinos sentimientos de amor a esa nueva patria que los acogía en su seno. Otros tantos debían pasar por ese trance solamente por conveniencia. El Centro de Renovación Cristiano fue el lugar escogido por las autoridades para tan solemne juramento. La ceremonia fue presidida por la jueza Nancy Koenig. El oficial de seguridad de la corte abrió la sesión. Inmediatamente aparecieron tres soldados que presentaron la bandera nacional. El supervisor del programa de naturalización de la iglesia católica dio las palabras de bienvenida a los candidatos a ciudadanos. Acto seguido la profesora Susan Fortney dio el discurso especial de la ceremonia, en el que se refirió a todos los derechos y obligaciones que adquirirían esas almas buenas. Mientras tanto, entre discurso y discurso, Rigoberto observaba detenidamente los gestos de cada

una de las personas que lo rodeaban. Se preguntaba dónde podría ubicarse dentro de la amplia gama de posibilidades entre quienes se consideraban patriotas y aquellos futuros ciudadanos por mera conveniencia.

Cuando el representante del Servicio de Inmigración y Naturalización mencionó cada uno de los países de donde provenían esas doscientas personas, Rigoberto no escuchó el suyo, de manera que cuando se preguntó si faltaba nombrar algún país tuvo que decir firmemente:

-¡Tierravirgen! -lo cual provocó una carcajada generalizada.

Ruborizado por el mal momento que estaba pasando, no comprendía la actitud de esa gente. Tampoco entendía porqué se mencionaban esos países si todos habrían de renunciar a serles fieles y en breves minutos adquirirían una nueva ciudadanía. A Rigoberto le sorprendió ver con qué orgullo, esos que acababan de levantarse tan dignamente al escuchar nombrar a sus países, ahora renunciaban a los mismos y juraban lealtad y fidelidad a una nueva nación. El juramento a la bandera no dejó de ser emocionante aun para Rigoberto, quien no pudo evitar derramar unas lágrimas. Aprovechó ese mismo sentimiento para recordar a su familia. En el espejo de las lágrimas se mezclaban los colores de la bandera con los de las imágenes de sus hijos. Pensó cuánto estaría sufriendo su querida esposa por no poder estar presente en esa ceremonia. ¡Y cuánto lo extrañarían sus pequeños hijos!

Terminado el acto oficial, Rigoberto y otros pocos se aproximaron a una mesa en donde podían registrarse para votar en las próximas elecciones. No quería perder un minuto para concretar su participación en la vida cívica del país. Pronto llamaría a sus hijos para contarles esta nueva conquista; ellos y su esposa se pondrían contentísimos.

De ese lugar se dirigió a la oficina de correos más cercana, con el propósito de tramitar su pasaporte. Se tomó las fotos requeridas, y con bastante dolor tuvo que pagar los derechos para obtener ese documento. Pronto calculó que con todo ese dinero hubiera podido alimentar a su familia por dos semanas. Recordó los muchos momentos de hambre que había sufrido durante los primeros meses en ese país; al principio, cuando no tenía trabajo, y luego porque debía mandar todo lo que ganaba a su familia. Pero se consoló pensando que ese pasaporte le permitiría muy pronto viajar para reunirse con su familia y finalmente traerla junto a él.

Para recuperar parte de lo que había gastado para obtener el pasaporte, Rigoberto se propuso trabajar muchas horas extras. El resquebrajamiento de la piel de sus manos ya era testigo de los innumerables sacrificios que el hombre se había impuesto. Los surcos de sangre eran como los caminos que pacientemente había seguido durante los últimos años. Sin embargo, sabía que tenía que seguir trabajando muy duramente si quería ver cumplido su deseo tan anhelado.

Aquella noche, el hombre llegó a su diminuto apartamento con la mínima energía disponible para desplomarse en su viejo colchón. Con hambre, vestido con la misma ropa sucia que había usado todo el día en su trabajo, cerró los ojos y se quedó dormido. Soñó con imágenes psicodélicas; los colores producían formas extrañas de entre las cuales emergían numerosas caras, algunas conocidas, otras no. El sueño se transformó en pesadilla cuando monstruos de múltiples cabezas aparecieron en forma amenazante. Reconoció la cara de su mujer entre aquellas figuras terroríficas. Sentía miedo, angustia y desesperación, impotencia y abandono. Tembló, lloró y sus manos sangraron al rasparse contra el borde áspero del colchón. El dolor lo despertó. Comprobó frente al espejo que su frente estaba cubierta de sudor.

La alarma del reloj no había funcionado. A Rigoberto se le había hecho tan tarde que no tenía tiempo para bañarse; tuvo que cambiarse en un minuto, se cepilló los dientes y salió para su trabajo. Antes de abandonar el edificio, el hombre recogió una carta del buzón. Como era de su esposa, decidió abrirla y leerla rápidamente.

Querido Rigoberto:

Recibimos todas tus cartas. No te pude contestar antes porque he estado demasiado ocupada últimamente. Ya sabes cómo son los chicos; como están de vacaciones quieren que los lleve todos los días a algún lugar. Fuimos varias veces de paseo, también a distintos parques, y ellos han ido casi todas las noches a la discoteca. Con el último dinero que enviaste les compré una bicicleta nueva a cada uno. Jorgito ahora quiere que le mandes para comprar uno de esos nuevos juegos electrónicos. No recuerdo el nombre, pero me dijo que con cien dólares era suficiente. Para colmo, como Pablito es tan celoso, también quiere el mismo juego (aunque no creo que pueda entender mucho cómo funciona; todavía es demasiado chico para usar esas cosas).

Te escribo especialmente para darte una noticia que te va a alegrar mucho: ¡La Laurita se nos casa!!! ¿Te acuerdas de ese muchacho que trabaja en el supermercado? Alberto se llama. Es muy bueno y trabajador. Como estábamos seguros de que tú ibas a aprobar el casamiento, decidimos poner fecha: el veinte del mes que viene. No te puedo negar que al principio me puse muy celosa, pero pronto comprendí que ya era hora de que casara. Me imagino que lo mismo puede pasarte a ti.

Pero no queremos que te preocupes demasiado. Además, entendemos que no te va a ser posible venir a la boda, y ya se lo dijimos a los padres de Alberto. Estoy segura de que ellos comprenden y van a disculpar tu ausencia.

Lo único que Laurita quisiera es que le mandes, lo más pronto posible, el dinero para el vestido de novia. Aquí son mucho más baratos que allá, además nuestra hija no pretende darse ningún lujo. Me dijo que con unos mil dólares (más o menos) sería suficiente. Claro que si quieres puedes enviar un poco más para estar seguros y no tener que pedirte dinero de urgencia. También tenemos que ayudarla para el viaje de luna de miel, no te olvides.

El pastel lo va a poner Sofía, y Ernesto y Beatriz prometieron encargarse de los músicos. Tengo una nueva amiga que va a comprar flores y se va a ocupar de la decoración de la iglesia.

Bueno, voy a llevar la carta ahora mismo al correo para que te llegue pronto. Laurita está un poco preocupada por su vestido y quisiera tener el dinero pronto. ¡Ah, y no te olvides del dinero para el juego de Jorgito! Y si te parece, para el de Pablito.

Un beso,

Alicia

En el barrio, nunca más se supo del pobre Rigoberto. Alguien dijo haberlo visto tirado en una calle de Dallas, y que parecía estar drogado. Quienes lo conocieron alguna vez, lo recuerdan con cierta indiferencia, pues dicen que no era un hombre que dedicara tiempo para cultivar amistades.-

Los protegidos

Ese día, como todos los días, Enrique fue el encargado de recibir la correspondencia. Dos cartas importantes llegaron a sus manos: una del seguro de salud del estado, y la otra de la universidad donde cursaba estudios de posgrado. Con mucha alegría le comunicó a Leticia las buenas noticias. Por fin había llegado la tan esperada carta en la que se le comunicaba que se les otorgaba el seguro de salud gratuito a su esposa e hijos. A Leticia por estar embarazada, a Luisito y Félix por ser menores de edad. Un suspiro de alivio recorrió las habitaciones de la casa de los Fernández. Ya podían respirar con más tranquilidad. La amenaza de una enfermedad no tratada desaparecía súbitamente. Gracias a los trabajadores sociales y al sistema divinamente democrático del país, Leticia podría comenzar su cuidado prenatal. Y también gracias a ellos, los niños podrían ver a un médico que en breves instantes diagnosticaría, recetaría y trataría cualquier posible indicio de enfermedad. No importaba ya que habían pasado seis meses desde que Leticia se enterara de que su familia muy pronto habría de crecer (o que en realidad ya había crecido).

No importaba ya que ella hubiera sufrido tanto pasando días y noches con la mente puesta en el seguro que no tenía y en la inseguridad del nuevo ser que se gestaba en su vientre. No importaban ya las críticas de sus vecinas que

47

la acusaban de que recibiría ayuda a costa del pueblo pagador de impuestos.

Nada importaba ya. El sistema había probado una vez más que funcionaba eficazmente. Era indudablemente eficiente. Para el bien del pueblo. Como bendecido por el mismísimo Dios.

A Enrique no le importaba haber sido excluido del otorgamiento del seguro de salud. Él era fuerte y saludable, y no podía enfermarse. Además, como decía Leticia, "diosito los había ayudado siempre y no podía abandonarlos ahora." Después de todo, si el sistema así lo había determinado, debía ser lo mejor para todos. Y como si esa fuera poca bendición de Dios, la otra carta también deparaba grandes alegrías. Era de la universidad. A Enrique se le comunicaba que gracias a sus excelentes calificaciones (tenía el máximo puntaje posible) se le nombraba instructor de una clase. Esto le significaría no solo prestigio y un excelente antecedente profesional sino también un dinero que en ese preciso momento les era imprescindible para poder sobrevivir. Enrique había quedado sin trabajo al cerrar la empresa donde trabajaba, y se estaban acabando sus pocos ahorros. Todo había sido arreglado por el Señor.

Leticia, que era muy devota, practicante y asidua asistente a la Iglesia de Nuestra Señora de Loreto, había prometido hacer una peregrinación de rodillas hasta esa iglesia si se le concedía el seguro de salud del estado.

Estaba dispuesta a cumplir con su promesa, y lo iba a hacer con muchísimo gusto. Con fe y gracias a un sistema que protege a todos los individuos, todo se había arreglado para la familia Fernández. Claro que, como nunca falta un pelo en la sopa, el mejor amigo de Enrique había empañado tanta felicidad con un tonto llamado telefónico: insistía en que no era justo que se les hubiera dado la cobertura médica gratuita puesto que ello sería luego pagado por el pueblo. Y en eso estaba de acuerdo con las queridísimas vecinas de los Fernández.

-Se paga con el dinero de los impuestos que aportamos todos -decía Mauricio con absoluta indignación. Y cuando Enrique le decía que estaban solos en este país y que Leticia no podía trabajar por estar embarazada y tener que hacerse cargo de los niños, Mauricio cambiaba brevemente de tema para reanudar pronto sus ataques a lo que consideraba como "una falla inaceptable del sistema." Y contaba siempre la misma historia de una señora que había venido a este país con el único objeto de tener un hijo y gozar de todos los beneficios de seguro médico y cupones para comida.

-Nada más que para eso -decía con los ojos queriendo salirse de las órbitas.

Difícil era para Enrique tratar de explicarle a su mejor amigo que no podría volver a su país natal porque éste se encontraba inmerso en una guerra civil que amenazaba con prolongarse por muchos años más. Y mucho menos podía Mauricio aceptar la idea de que Leticia no iba a poder trabajar durante algunos meses. Sin embargo, la charla con Mauricio no impidió que Enrique festejara muy especialmente las buenas noticias. Quiso compartir su felicidad con sus compañeros de la universidad, pero sólo logró comunicarse telefónicamente con Alberto. Cuando Enrique le dijo que tenía que darle una sorpresa y que había conseguido un nuevo trabajo, Alberto lo interrumpió diciéndole que estaba organizando un partido de futbol, y que no estaba dispuesto a hablar de trabajo durante el fin de semana. Enrique pensó entonces que lo que más le mortificaba de vivir en este país era el hecho de que no tenía amigos con los que pudiera compartir sus cosas personales, ¡y peor aún si se trataba de algo bueno! Tuvo entonces que festejar como siempre: fingiendo una alegría inusitada, vistió con especial cariño a los niños, e informó a Leticia que irían a un lugar maravilloso. El mismo parque, la misma pelota pateada un millón de veces, las mismas bromas, el mismo chocolate comprado al mismo vendedor ambulante. Pero festejaron en familia.

El lunes por la mañana Enrique se levantó muy temprano para ir a firmar el contrato a la universidad. Los cincuenta y ocho escalones que había subido durante dos años para llegar al edificio de la universidad donde tomaba sus clases, le parecieron menos de veinte. Subía como empujado por la suave brisa; su cuerpo avanzaba lentamente y en forma continua. Los rayos del sol bañaban su piel con una dulzura especial. Tanto placer y tranquilidad interior nunca habían sido experimentados por ser alguno en el universo. No vio nada y al mismo tiempo ningún detalle de la hermosa naturaleza que lo encerraba como acariciándolo se le escapaba. Al entrar en la oficina del Departamento de Lenguas Extranjeras, Enrique sintió un escalofrío. La secretaria le informó que el jefe deseaba hablar con él. Un sincero apretón de manos, el entrecejo formalmente fruncido como correspondía al tono de la situación, y solo dos palabras:

-Lo siento.

El jefe le explicó que las autoridades estaban haciendo cierta reestructuración... muchos recortes... y que, por supuesto, la primera clase que debía cancelarse era la de Enrique, pues no podrían dejar sin clases a los otros profesores. Claro que quedaba en pie la promesa de que en cuanto se aliviara un poco la situación, Enrique sería el primero en ser tomado en cuenta para dar clases. Y de ser posible se le darían dos clases.

Lo primero que se le vino a la mente a Enrique era el seguro de salud. Por suerte eso no podía cambiar. Ya era un hecho consumado. Y después de todo... era lo más importante. La seguridad de la familia era lo primero. Salió rápidamente de esa oficina sin siquiera despedirse; su mente se quedó en blanco, como si hubiera perdido la noción de su propia existencia. No sentía nada, simplemente se movía a través del espacio como empujado por una fuerza misteriosa e inexplicable. Leticia, como presintiendo algo, pasó el día nerviosa. Cuando sonó el teléfono esperaba lo peor. No fue mucho menos mala la noticia. Su esposo había tenido un accidente. Afortunadamente no había heridos, y a pesar de que Enrique tuvo la culpa, como al otro auto no le había pasado nada, el dueño lo dejó ir sin siquiera pedirle los datos. El auto de Enrique había quedado completamente inservible. Esa noche se fueron a dormir sin comentar mucho las novedades. Enterada de lo que había sucedido en la universidad, Leticia prefirió guardar silencio. Sabía que su esposo necesitaba, ante todo, un descanso reparador; y confiaba en que de cualquier forma, como siempre, habrían de salir airosos de la situación que ahora los agobiaba. Sin embargo, en la casa podía percibirse cierto grado de tensión, como si recónditas esencias se hubieran apoderado del espacio.

Al día siguiente, a Enrique le costó levantarse más que de costumbre; una especie de modorra penetraba todo su ser. Se dirigió al baño con pesadez extrema. Al mirarse al espejo para afeitarse, Enrique notó un pequeño bulto en su hombro. No le dio importancia, pues tres años atrás le habían extirpado una bolita de grasa que se le había formado en el cuello, sin ninguna consecuencia. Esa mañana Leticia preparó un desayuno especial. Cuando su esposo entró al comedor y vio un enorme pastel en el centro de la mesa con siete velitas, recordó que era su aniversario de bodas. Sus dos hijos lo esperaban sentados, impecablemente vestidos; ya su madre los había bañado, y a pedido de ellos mismos les había puesto el perfume "de salir a pasear." Luisito, de apenas dos años de edad, vestía camisa blanca, pantalón negro y un chalequito haciendo juego, con un moñito que se le hacía insoportable. Félix, de tres años y medio, había optado por quedarse en pijama, "como papá." Además, quiso ayudar a papá a apagar las velitas "porque eran muchas para él solo."

Ante ese panorama, el jefe de la familia no pudo menos que derramar una lágrima; no sabía si era por la emoción que lo embargaba o por lástima. ¿Lástima? ¿Hacia quién?

En el momento en que sacó un pañuelo y se dio vuelta tratando de ocultar lo que sentía, sonó el teléfono. Mauricio quería saber más detalles con respecto a la situación del seguro médico. Cuando Enrique le contó lo del accidente, su mejor amigo no encontraba palabras para consolarlo. Y como muestra de extraordinaria amistad le ofreció su casa para ocultarse.

-¿Cómo? -preguntó Enrique sorprendido- ¿Ocultarme de qué?

Según el análisis de la situación que sutilmente hacía Mauricio, no pasaría más de una semana para que su amigo recibiera una citación de la justicia. El haber causado un accidente automovilístico sin contar con un seguro contra terceros, lo condenaría a una sentencia de por lo menos cuatro años de prisión. Pero no tenía porqué preocuparse, ya que Mauricio lo alojaría en su casa. Además conocía a una persona que podría garantizarle la salida del país sin ningún riesgo. Enrique prefirió colgar el teléfono, olvidar lo que había escuchado y entregarse a "disfrutar" la fiesta que su familia le había preparado con tanto cariño.

....

Un mes llevaba con esa preocupación que había preferido no comentar con nadie, ni siquiera con su propia esposa. Por fin decidió ir a un hospital del estado.

Obviamente no podía pagar, pues el poco dinero que le

quedaba sería para comprar comida para su familia y para pagar el alquiler del mes entrante del diminuto apartamentito en el que mal vivían.

Que no se podía hacer nada, le dijo la recepcionista del hospital. Que sin seguro médico y sin dinero no podría ser atendido. Que alguien tenía que pagar. ¿O se creía él que los médicos iban a vivir del aire? ¿Y las medicinas? ¿Y el hospital? ¿Y todo lo demás? ¿Quién lo pagaría? Que cómo podía ser que no entendiera. Que sólo podrían atenderlo en caso de una emergencia. Que había gente que estaba realmente enferma y no tenía la desfachatez de exigir como él. Que si seguía molestando iba a llamar al guardia de seguridad para que lo sacara a empujones del hospital. Que parecía mentira que una persona a su edad no entendiera cómo debía comportarse. Que por qué no se iba a que lo atendieran a su propio país. Que si no comprendía el idioma debía empezar por estudiarlo…

Todas estas lecciones que la recepcionista espetaba subiendo el volumen de su voz cada vez más, habían atraído la atención de la gente que estaba en la sala de espera y que aguardaba ansiosa el desenlace de tan divertida discusión. Niños, adultos, ancianos, todos mantenían la vista fija en el pobre hombre. Varios que en algún momento de sus vidas habían pasado por una situación similar, miraban con tristeza a Enrique. Otros, que por tener seguro médico se consideraban superiores, lo miraban con suficiencia, y apoyaban cada palabra de la recepcionista con un movimiento de cabeza afirmativo y con un gesto elocuente de indignación.

Enrique salió del hospital comprendiendo que ese cartel que había al lado de la ventanilla, que rezaba que se atendería a cualquier persona aunque no tuviese dinero, había quedado en desuso. Pensó cuánta gente había tenido que luchar arduamente para que pusieran ese cartelito; cuántos trámites, cuántas discusiones, cuántas noches de desvelo para lograr esa maravillosa conquista social. Y sin embargo...

Se dijo a sí mismo que en realidad no importaba, porque lo más probable era que su pequeño bultito no tuviera ninguna consecuencia... como antes. Que tampoco era cuestión de exagerar. Que debía comportarse como un hombre. Además, si en el hospital le dijeron que esas eran las reglas, debía obedecer. Y en verdad, reflexionó una vez más, lo que importaba era que su familia estaba protegida. Porque lo primero eran los niños... y la mujer embarazada, por supuesto. El sistema funcionaba, evidentemente.

Ya fuera del hospital, pudo ver como la vida seguía su curso. Vio a trabajadores esperando en la interminable cola para tomar el autobús. Observó los numerosos automóviles que apuraban su rumbo en todas direcciones. La naturaleza acompañaba la sinfonía prístina de la existencia. El cielo, cubierto de nubarrones grises, anunciaba con sus estruendosos relámpagos la llegada de la tormenta invernal.

Todo parecía preparado con la coordinación de un ser superior.

....

Lo llevaron a las cuatro de la tarde. Un vecino puso a disposición de la familia su auto que, aunque era muy pequeño, podía transportar a los niños y a la viuda. Todo fue muy sencillo y formal. No era necesario nada más.

De regreso, ya en la tranquilidad de su hogar, Leticia recibió la visita de un trabajador social. Le dijo que debía estar en calma porque el estado se encargaría de todo. No habría cuentas que le aumentaran el dolor. Todo estaría bajo control. Y que por los niños no debía preocuparse tampoco porque recibiría unos cupones para adquirir comida en forma gratuita. Además, todo era cuestión de tiempo. Ella vería cómo, al igual que muchas otras madres, sacaría adelante a sus hijos. No estaría sola en su desgracia.

Leticia no sabía si todas esas cosas se las decían para consolarla o porque en verdad el sistema realmente funcionaba y la protegía.

Mientras le entregaba una carta que acababa de llegar y que estaba dirigida a Enrique con remitente de la universidad, el hijo mayor le preguntó a su mamá:

-¿De qué murió papá?

-No sé, hijo. No sé.

En cierto modo Enrique no había muerto. Esa carta aún le daba vida: se lo nombraba para enseñar dos clases el próximo semestre.-

Objetos perdidos

Entró la madre desesperada buscando a su hijo. Mark, el empleado de la oficina de objetos perdidos, sin mirarla, le preguntó su nombre.

-María Pérez -contestó-, estoy buscando a mi hijo.

-Nombre de su hijo.

-Carlitos.... Carlos Pérez.

Girando la cabeza hacia otro empleado, Mark le preguntó:

-Have you seen any Mexican boy around here?

-Disculpe, señor. No es mexicano. Carlitos es...

-Do you speak English? -interrumpió Mark.

-No, señor... Quiero decir... Entiendo un poco. Le decía que nosotros no...

En ese momento apareció Mr. Smith, el jefe de la oficina, y sin que mediara palabra abrió la puertita que dividía los espacios del público y los empleados, hizo un gesto vulgar con su mano derecha, y ordenó a María que pasara adentro.

Antes de poder reflexionar sobre ese cambio de interlocutor y de espacio, María se encontró sentada en otra oficina. Mr. Smith le alcanzó unos trapos y, luego de llamarle la atención por haber llegado tarde a su primer día de trabajo, le ordenó que comenzara a limpiar la oficina. El trabajo debía desempeñarse con prontitud, pues no era cosa de perder tiempo con explicaciones y detalles innecesarios. Cada uno tenía que hacer su tarea con eficiencia y sin molestar a los demás.

María se quedó congelada durante unos segundos. En su mente se entremezclaban las imágenes de Carlitos con el gris de las paredes y el olor a banana proveniente de un cesto de basura repleto de desperdicios. Penetró también en el ambiente el sonido del teclado de una máquina de escribir. El tic de cada tecla producido por un anciano parecía corresponderse cabalmente con un segundo.

Greg, un veterano empleado, agotado por el peso de su cuerpo de más de doscientas libras, entró a paso de tortuga con varios papeles bajo el brazo y una almohadilla ávida de recibir dedos humanos. El "gordito", como le decían sus compañeros afectivamente, se sentó, dirigió un gesto cordial a María, y cogiendo al mismo tiempo el dedo pulgar de ella y apoyándolo delicadamente en la almohadilla, le sonrió y le dijo suspirando:

-Burocracia. ¡Pura burocracia! Aburre, ¿no? No se preocupe, ya es lo último.

Y con la misma parsimonia, Greg tomó a María del brazo y la llevó a su nuevo destino.

Pasaron volando los segundos, tal vez también los minutos y las horas. El tiempo se confundió con el espacio en la mente de la pobre mujer.

Ya detrás del mostrador, María se aprestaba a cumplir con su nueva función cuando entró un niño de aspecto latino. El imberbe explicó a la empleada que había perdido a su madre. La mujer, sin mirar al pequeño, abrió la puertita que los separaba y, haciendo un gesto automático con una mano, lo invitó a pasar.

El chico se quedó mudo y petrificado. Su rostro denotaba una profunda tristeza; parecía no haber comido por varias semanas. Sus harapos despedían un polvillo blanco que formaba una estela a su paso.

Dos trapos colgaban de la mirada perdida del niño, cuando lentamente entró el "gordito" con varios papeles bajo el brazo y una almohadilla ávida de recibir dedos humanos. La presencia fantasmal del niño se confundió con la de la mujer envejecida.

Hoy, los archivos de la oficina ya desaparecida, no registran la presencia de ningún empleado hispano. Tal vez, la existencia de aquellos que encontraron un destino no buscado, sólo ha dejado su huella en la mente de un viejo que pasa sus últimos días en un hospicio repitiendo 'tic', 'tic', 'tic'...-

Fronteras

Luego de mucho tiempo de discusiones, peleas y todo tipo de enfrentamientos (verbales y físicos), los miembros de la familia Border estuvieron de acuerdo en dividir la casa. La mitad para los mayores (Mr. y Mrs. Border), y la otra parte para los chicos: Gustavo, Daniel y Carlitos. La casa no era muy grande, pero se ajustaba a las necesidades de esta nueva etapa en la vida de la familia. La puerta de entrada daba directamente a una pequeña sala: lugar neutral, apropiado para las reuniones sociales y los "contactos" familiares. A la derecha estaba el dormitorio del matrimonio, el baño y la cocina. A la izquierda se encontraban las dos habitaciones de los niños. Gustavo, el mayor, había decidido compartir su cuarto con Carlitos, el menor. Daniel, queriendo mostrarse como un gran valiente, prefirió tener un cuarto para él solo. Luego de que se produjera la tan ansiada división de la casa, se dieron cuenta de que uno de los miembros de la familia no había sido tenido en cuenta: la perra Josefina.

-No hay ningún problema —dijo Mr. Border con la solemnidad que lo caracterizaba.

-A Josefina le corresponde el jardín del frente de la casa. Al fin y al cabo allí está su casita, y nos protege todo el día.

Como no pudo tomar parte de la discusión, Josefina tuvo que conformarse con esa decisión. De todos modos podría cumplir con la misión que Mr. Border le había encomendado. La perra estaba encargada de llevar el periódico al jefe de la familia. Todas las mañanas, tan pronto como recibía el periódico (por lo general de un golpe en la cabeza), se lo llevaba presurosa a su amo. Un día pasó algo fuera de lo común: tan fuerte fue el golpe que recibió la perra con el periódico, que se quedó obnubilada mirando la foto de la primera plana: un hombre de pelo canoso hacía gestos frente a un micrófono. Lo que más le llamaba la atención a Josefina eran las venas que resaltaban del cuello de aquella figura que no le resultaba muy simpática. Sin poder salir de su asombro, la atribulada perra decidió poner más atención a la foto del periódico, y comprobó que aquella figura le resultaba familiar. Hizo un gran esfuerzo hasta que pudo unir aquellas diminutas cositas negras que parecían decir *gobernador.*

El primer día después de la división de la casa no fue nada fácil para nadie. Los mayores se preocupaban por no perder su independencia. Los niños se esforzaban por ir a la cocina para buscar algunos víveres y por ir al baño. No pasaría mucho tiempo antes de producirse la primera confrontación. Sin embargo, contrario a las predicciones de algunos "observadores" (los vecinos no tardaron en dar su opinión sobre la notable familia), el primer enfrentamiento fue entre los niños. Carlitos se había empecinado en ir al baño cada vez que iba Gustavo; y no era por solidaridad sino por capricho.

Mr. Border les había impuesto a sus hijos una condición insoslayable: cada vez que quisieran cruzar la línea divisoria entre ambas partes de la casa, deberían hacer una tarea (lavar los platos, limpiar el baño, etc.). A los niños no les parecía nada justo este trato, pero como ellos también estaban gozando de la tranquilidad que les proporcionaba su propia independencia, decidieron aceptar aquella condición. Un día, cansado de limpiar el baño por enésima vez, Daniel decidió poner en marcha un plan que lo liberaría de la "limpieza forzosa." Ese día, ansiosa como nunca, Josefina esperaba la llegada del periódico.

En una entrevista realizada por María Elena Salinas al gobernador, la periodista, basándose en un estudio previo le preguntó: -¿Por qué usted usa la parte del estudio que habla de los gastos y no la parte que habla de las contribuciones de los inmigrantes indocumentados? A lo cual el gobernador contestó que las contribuciones fiscales van al gobierno federal, y agregó: -El tema es irrelevante, porque los gastos no existirían si el gobierno federal hubiera hecho su trabajo para prevenir la entrada de ilegales desde el principio.

Daniel convenció a Gustavo de poner la música que más les disgustaba a sus padres. Más aun, la música debía ser puesta al máximo volumen posible; esto forzaría a los padres a cerrar la puerta de su dormitorio. Carlitos había sido puesto al tanto del plan, de manera que no lo estropeara con su acostumbrada imprudencia infantil. Sus hermanos no confiaban mucho en él, pero no tenían más remedio que correr el riesgo.

Josefina seguía leyendo con gran interés.

-Estudios hemos visto que muestran que sus alegatos de que los inmigrantes cuestan más de lo que contribuyen son incorrectos. El estudio del Instituto Urbano muestra una diferencia significativa entre sus datos y los que usted usa.

La única respuesta que el gobernador pudo dar ante esa prueba irrefutable fue la de desprestigiar al Instituto Urbano o de invalidar sus conclusiones, diciendo que "ha sido pagado por el gobierno federal para cuestionar nuestras estadísticas."

Al día siguiente, cuando Daniel se levantó, observó que de la puerta colgaba un papel amarillento que rezaba: "Daniel, tarea del día: limpieza del baño. Por cruzar la línea." Furioso, Daniel se dirigió a su hermano menor y lo llenó de improperios. Gustavo se interpuso. Nadie lo había denunciado. Ninguno de sus hermanos era responsable por las consecuencias de sus acciones. Debía haber una explicación. Sin embargo, sin importar cuánto tiempo le dedicara a la búsqueda de una razón, Daniel tenía que cumplir con el mandato de su padre. Sabía que de no hacer lo que se le ordenaba, terribles consecuencias habría de sufrir. Por su parte, la ansiosa perra seguía tratando de descifrar aquellas palabras.

-*Nos hemos visto forzados a cortar la asistencia para los ancianos, los ciegos e incapacitados que viven legalmente aquí porque el gobierno federal ordena que gastemos millones en servicios médicos de urgencia y en educar a los inmigrantes ilegales. Eso es una locura y ha llegado el momento de decir ya basta.*

Cuando Mr. y Mrs. Border regresaron a su hogar, encontraron el baño resplandeciente. Lo que más les agradaba era poder disfrutar ese ambiente de tranquilidad que se respiraba. Por alguna razón que sus mentes no llegaban a captar, sus hijos habían resuelto (de motu propio) no volver a poner ninguna música. Mrs. Border llegó a pensar que posiblemente la disciplina impuesta por su esposo finalmente había producido efectos positivos en sus hijos. ¡Qué delicia era poder disfrutar de una cena en la cocina con total tranquilidad! Los chicos estarían durmiendo, o tal vez haciendo la tarea para la escuela. Lo importante era que, por fin, habían comprendido la necesidad de respetar los límites que cada uno se había comprometido a reconocer. Mientras, Josefina continuaba recluida en su jardín.

-Debemos terminar con los incentivos perversos que ahora existen y animan a la gente a inmigrar a este país ilegalmente. Para detener el flujo, debemos sellar la frontera y hacer que el imán pierda su fuerza de atracción.

Gustavo había ideado un nuevo plan. Esperarían a que sus padres se fueran de la casa para cruzar el límite impuesto sin ser vistos. Juntarían provisiones para no tener que ir a la cocina cuando sus padres estuvieran en la casa. Los tres harían sus necesidades en la escuela o en algún baño público, donde también se higienizarían. El plan era muy simple pero, considerando la corta edad de los niños, exigía un tremendo sacrificio de parte de los tres.

Tanto temor tenían de romper las reglas de su autoritario padre, que no vacilaron en poner mucho cuidado en la aplicación de su nuevo (y quizás último) plan. Josefina, que no había sido tenida en cuenta para esa aventura, se mantenía firmemente aferrada al periódico.

-Yo quisiera saber por qué usted nos ataca a los latinoamericanos, por qué tiene esa actitud racista. Si nosotros hacemos el trabajo que la gente de aquí no hace, y pagamos impuestos, pagamos todo. Entonces, me gustaría saber cuál es la razón de su posición contra nosotros.

-La respuesta a esa pregunta es que no tengo una actitud racista, y es desafortunado que les hayan dicho eso. Pero lo que realmente están diciendo es que si discutimos esto justa

y honestamente, entonces somos racistas. El pueblo de este país no es racista, pero resiente la inmigración ilegal y tiene el derecho de hacerlo.

El plan de Gustavo había triunfado. Luego de muchos intentos frustrados, los niños habían logrado burlar a sus padres. No obstante, Mr. Border se dio cuenta de que algo andaba mal. No podía explicarlo con palabras, pero de lo que sí estaba seguro era de que algo extraño había en el ambiente. Además, una rara actitud de falsa tranquilidad percibía en sus hijos. Sin pensarlo por mucho tiempo, decidió atacar en donde creía que estaba la mayor debilidad del "frente enemigo:" Carlitos.

-Carlos, yo sé que se han estado burlando de mí. Lo sé desde hace muchos días. No creas que me han podido engañar. No les dije nada antes porque quería confirmar mis sospechas. Pero ahora que estoy absolutamente seguro, voy a tener que castigarlos duramente. Al único que voy a perdonar parcialmente es a aquél que me diga cómo diablos han hecho para cruzar el límite sin que yo me diera cuenta.

Un ambiente tenso invadió el hogar. Sólo Josefina no participaba en esa enrarecida atmósfera.

El gobernador exige: Que se incrementen los recursos necesarios para controlar eficazmente la frontera sur del país; que se deje de exigir a los gobiernos regionales que ofrezcan servicios educativos, médicos y sociales a los indocumentados; que le reembolsen a esos gobiernos el dinero que se les debe por la prestación de esos servicios.

Carlitos sintió que una gota de sudor helada corría desde su frente hacia abajo. Su corazón empezó a palpitar resonando como esos latidos que había escuchado en las películas de terror. Sintió una sensación que lo impulsaba a percibirse como el peor de los traidores.

-¿Por qué el gobierno de este país premia a los inmigrantes indocumentados que consiguen violar la ley y se las arreglan para tener hijos nacidos en este suelo? En lugar de penalizarlos estamos premiando su acción ilegal. Pagamos por el parto y otorgamos al bebé la ciudadanía de nuestro país.

Carlos le contó todo a su padre. En recompensa, Mr. Border le dijo que no lo castigaría, y además lo premió con un pase para los domingos.

-Yo no culpo a los indocumentados por tratar de venir. Yo no critico a los inmigrantes ilegales; si yo estuviera en su situación haría lo mismo. Es difícil no simpatizar con ellos. Es difícil no admirarlos. Ese no es el punto. Quienes merecen ser condenados no son los inmigrantes ilegales; es la gente del gobierno federal, de la administración y del Congreso, que continúan ignorando cuál es el verdadero problema.

Mr. Border llamó a sus tres hijos y les dijo que tenían que hablar urgentemente sobre la nueva situación creada.

La mayoría de los estados fronterizos están bajo estado de sitio por la inmigración ilegal. Es tiempo de hacer algo para terminar con esta situación. En realidad, es el momento de acabar con la inmigración ilegal. Nuestra calidad de vida está siendo amenazada por un constante tráfico de inmigrantes ilegales. Ahora es el momento de reformar la Constitución.

Mr. Border les dijo a sus hijos:

-Creo que es desafortunado que cada vez que salgo de la casa ustedes aprovechen para romper el trato que hemos hecho. Habíamos hecho un pacto de honor, pero ustedes no supieron cumplir. Ustedes son los que sufrirán las consecuencias.

-Creo que es desafortunado que cada vez que alguien como yo intenta discutir lo que es un verdadero y creciente problema, y lo hace con cuidado, citando los hechos, es inmediatamente acusado de ser racista y anti-inmigrante. La ironía de eso es que los que más sufren a causa de la inmigración ilegal son los inmigrantes legales recién llegados.

Josefina dio vuelta lentamente la cabeza y observó cómo Mr. Border castigaba a sus hijos. Carlitos trató de recordarle a su padre lo que éste le había prometido. Pero todo fue en vano. Uno a uno fueron desplomándose los tres cuerpecitos sobre el límite impuesto por aquella figura tan parecida a la que aparecía en el periódico. Mrs. Border intentó consolar a su esposo. Era terrible que los chicos hubieran cometido semejante imprudencia; en realidad no habían aprendido la lección que el jefe de la casa se había esmerado en transmitir día a día, tanto a sus hijos como a sus conciudadanos.

Josefina ya no volvió a ver a los tres niños que merodeaban por la casa. Y se limitó a buscar una posición en la que pudiera volver a recibir el golpe del periódico. Se le ocurría que tal vez un golpe podría hacerle ver nuevamente las imágenes de aquellos seres puros, indefensos, que luchaban por traspasar una frontera.-

Los muros

Los hombres trabajaban con ahínco desmesurado. Podían sentir en su piel morena los rayos del penetrante sol. El golpeteo de los martillos se clavaba en las sudadas frentes, adentrándose hasta el fondo del alma misma. El cemento relamía como lengua sedienta la superficie interminable que parecía llegar hasta el firmamento.

Gervasio perdió la noción del tiempo y del espacio, pero debía seguir construyendo. Cuando ya no vio a nadie pensó que sus compañeros se habían quedado del otro lado. Lo sorprendió la luna, regalándole esa luz hermosa, tan brillante que le dejó de parecer real.

-¡Gervasio! —exclamó. Gritó su nombre para comprobar si el muro le devolvía su eco, pero solo le regresó el silencio. Su misión era seguir construyendo hasta el final. El muro, que se había convertido en su compañero inseparable y entrañable, también iba progresando en su misión...

De un lado quedarían los hombres que, como él, construían sus propios muros en una ciudad que ya no les pertenecía. Del otro lado había quedado el bosque al que el gobierno deseaba proteger. Era imperioso defender el medio ambiente contra el progreso de la civilización.

De repente, como salidos de la nada, cerca del muro comenzaron a pasar unos hombres impecablemente vestidos de traje negro. A Gervasio le llamó la atención que lo ignoraran. El pobre hombre pasó desapercibido ante los ojos de aquellos seres indiferentes. Pensó en volver, pero ese nuevo ser que había creado con sus propias manos era precisamente el que le impedía regresar a su hogar. Del otro lado habían quedado sus hijos y su esposa, y el resto de sus seres queridos. Trepar el muro era una utopía. Alcanzar a esos hombres indiferentes ya no era posible, pues se habían esfumado como por arte de magia. El muro había comenzado a cumplir su misión final.

-¡Gervasio! —gritó nuevamente, pero ahora con desesperación. Esta vez su voz sonó hueca. Se alejó del muro hasta que logró tener una perspectiva bastante abarcadora. Tomó un fuerte impulso y empezó a correr hacia el muro. Al tiempo que se estrellaba se liberó de su materia y comenzó a volar en dirección al cielo, logrando una visión que comprendía ambos lados del muro. Le sorprendió ver que de un lado se alzaban otros muros, algunos más altos, otros pequeños pero más gruesos...

-¿Cuántas realidades infinitas separaban esos muros? —se preguntó observando con interés.

-¡Gervasio! ¡Gervasio! —le gritó su esposa zarandeándolo.

-Vas a llegar tarde a tu trabajo.

El soñoliento hombre se incorporó tan rápido que sintió vértigo. Lentamente movió su cabeza hacia delante y hacia atrás, tal como le había aconsejado su médico. Pronto logró restablecer el equilibrio y se dirigió al baño.

-¡Gervasio! —volvió a gritarle su mujer.

-No te preocupes tanto. Ayer me echaron del trabajo —señaló el hombre tratando de calmarla.

-Dicen que como ya no tienen clientes, no pueden pagarle a tanta gente.

Efectivamente ya muchos habían decidido, debido a la crisis económica, no contratar más jardineros. Y todos los que habían sido despedidos de sus trabajos llegaron a la misma conclusión: la única salida que tenían era buscar trabajo en la calle.

En una de las esquinas del parque central, una cantidad creciente de hombres se reunía todas las mañanas temprano, esperando la llegada de capataces en busca de nuevos jornaleros; mano de obra barata. Hacía tiempo que en el pueblo se corría el rumor que la migra estaba planeando poner un muro extensísimo, y que para eso tendrían que contratar a cientos de trabajadores. Muchos la veían como una buena oportunidad para conseguir algo de dinero, al menos para comprar un poco de comida para los hijos. La crisis económica mundial hacía ya mucho tiempo que había llegado a los pueblos fronterizos. Además, hacía ya tres meses que Gervasio no le había podido mandar nada de dinero a la familia en México. Había dejado a sus dos hijos menores con sus abuelos, hasta que pudiera juntar un poco de plata para poder traerlos. Pero la espera se había hecho más larga de lo planeado. Y las semanas se hicieron meses. Y los meses se transformaron en años. Y de la riqueza pasaron a la desesperanza, y de ahí a la resignación...

Algunos decían que lo del muro era una trampa de la migra para atraer a los inmigrantes indocumentados, arrestarlos y deportarlos. También se argumentaba que si la migra iba a construir un muro para evitar el paso de la gente, no era posible que aceptara contratar a trabajadores ilegales.

Gervasio tuvo suerte, pues al llegar a la esquina adorada por los inmigrantes, una camioneta se le acercó rápidamente. El hombre que iba conduciendo lo examinó de arriba abajo, con gesto de sospecha. Gervasio dio dos pasos hacia atrás, no sin cierto temor.

-¡Eh, tú! —chilló una voz autoritaria proveniente desde el interior del automóvil. Y haciendo un ademán vulgar lo invitó a entablar un breve diálogo.

-¿Qué pasa? —inquirió Gervasio fingiendo seguridad.

-Trabajo duro, pero buena paga.

-¿Cuánto?

-Treinta por la jornada.

-Está bien.

El pobre hombre, ahora resignado a su suerte, se arrimó a la camioneta y de un salto se acomodó en la parte de atrás, compartiendo el lugar con otros hombres que esperaban ansiosos.

El viaje se hizo largo. El panorama desértico produjo una sensación de modorra en algunos y de encantamiento en otros. Por momentos el camino empedrado les hacía doler el trasero. Como si se hubiesen puesto de acuerdo, los hombres soportaron el viaje con estoicismo. Daba la impresión de que el conductor estaba como somnoliento, pues por momentos la camioneta se salía un poco del camino y volvía a entrar a veces bruscamente. Casi sin notarlo, fueron tomando más y más velocidad. La ruta de pavimento liso se alternaba ahora con el camino pedregoso.

Gervasio, que nunca antes había viajado en la parte de atrás de una camioneta, experimentaba tanto temor como confusión. Las imágenes se sucedían cada vez más rápidamente, hasta con violencia. La camioneta pareció no aguantar tanta exigencia, y volcándose infinitas veces, repartió generosamente numerosos hombres a diestra y siniestra. Algunos pasaron inmediatamente a mejor vida. Otros quedaron con sus huesos molidos, pero con vida, a la vera del camino. Gervasio perdió el conocimiento, pero tuvo la suerte de caer sobre un ovillo de heno. Le contaron que permaneció internado en un hospital durante varias semanas, sin saber quién era.

Desde aquél accidente, hacía ya varias décadas, Gervasio había construido muchos muros. Se podía decir que había aprendido el oficio bastante bien. Pero ninguno de esos muros se parecía al que iba a comenzar a edificar esa mañana de otoño.

Al llegar a la frontera, los hombres experimentaron una sensación de alivio como nunca antes habían sentido. Bajaron de la camioneta, estiraron sus extremidades, y enviaron un suspiro que recorrió la inmensidad de la frontera.

Gervasio se sintió diferente, tal vez por la autoridad que le conferían sus años de experiencia. Todos le daban el paso como si reconocieran el liderazgo de un viejo cacique. Sus manos plagadas de callos, su piel resquebrajada y su tez ennegrecida, eran testigos inobjetables del paso del tiempo y de una vida nada fácil.

Un gentío innumerable aguardaba la orden de comienzo. Gervasio y su grupo se amalgamaron pronto a la totalidad de la masa humana. Sin darse cuenta empezaron a construir el muro. Gervasio no necesitaba ni siquiera oír las instrucciones del capataz. Los hombres que lo rodeaban, seguían más su ejemplo que las indicaciones del jefe. Con el pasar de las horas los hombres fueron yéndose a descansar. Uno por uno fueron desapareciendo por el horizonte junto a la puesta del sol.

Por su parte, Gervasio seguía trabajando de sol a sol, sin prestar atención a los cambios atmosféricos ni a sus necesidades fisiológicas. Pronto se encontró trepado a un muro que había llegado a ser muchísimo más alto que él.

Del otro lado del muro pudo divisar unas sombras que se movían como empujadas por una llama. Una imagen muy parecida a él se elevó por encima de su obra. Intentó tantear esa figura, pero sólo experimentó rechazo.

Sin sentir el paso del tiempo, Gervasio se encontró al otro lado del muro. Ahora era él mismo aquella imagen que se había elevado como flotando plácidamente.

Un fuerte olor a azufre sintió que le penetraba no solo por los orificios nasales sino también por los poros de la piel. La pegajosa humedad le hizo resbalar hasta caer en medio de la polvareda. Sus ojos se llenaron de tierra y ésta fue transformándose en una sustancia gelatinosa que dificultaba su visión. El relieve del cuerpo de unos seres pasaron sinuosamente frente a él, como proyectados en una pantalla amarillenta, hasta desaparecer. No sabía si él se acercaba y se alejaba del muro o si éste se distanciaba de él. Corrió hacia la gigante pared hasta perder conciencia de su propio cuerpo. Su visión panorámica desde lo alto le permitía comprender una realidad más completa, una realidad que hasta ese momento le había sido esquiva. Ahora podía tener una percepción multidimensional. Los muros se multiplicaban en sus retinas. No era ya una bipolaridad entre la naturaleza y el plano de los seres humanos, pues la mayor división estaba dada dentro de este último grupo.

Alcanzó a concebir los muros invisibles, y comprendió que éstos eran los verdaderos muros.

Con el paso del tiempo, su mente o el demiurgo trataba de engañarlo, y desde arriba la realidad se presentaba de una manera mucho más compacta: las casuchas de las villas se mezclaban con las columnas propias de las más lujosas mansiones. En las zonas con menos espacios abiertos, pululaban infinitos seres diminutos, mientras que en el otro espacio contrastante no se alcanzaba a percibir ningún movimiento. División tajante, ¿imperio del mal?

Gervasio ascendió hacia el azul del cielo, donde todo se transformó en armonía. Por fin había completado su proyecto. Y se hizo uno con el todo.

-¡Gervasio! –se escuchó… por última vez.-

Acompañantes

Me dijo que la tratara con cariño, como parte de mi familia, que la había tenido desde que era niño, que me la regalaba porque no podría ponerle precio...

Durante todo el viaje se portó como si fuera un dócil ser humano. Pasó la frontera desapercibida. Sólo le faltó decir que era ciudadana de los Estados Unidos. Mi amiga parlanchina, sin saberlo, había pasado a formar parte de mi familia. Hacía más fácil el viaje el hecho de que con un poco de comida y bastante agua se conformaba.

Con el afán de ahorrarme el dinero que había apartado para el hotel, me paraba a un lado de la carretera y nos echábamos a dormir. Si alguien se acercaba, ella me daba la alarma inmediatamente, repitiendo sus cuasi humanas alocuciones. Nos protegíamos mutuamente. Un testigo desprevenido podría pensar que nos amábamos locamente.

Le puse Generosa; tal el sentimiento altruista que la distinguía de los seres bípedos. Traía consigo muchos atributos naturales y de los otros.

Yo estaba ansioso de ver su reacción al entrar en su nueva morada. Ella seguramente soñaba con retornar a su terruño, pero se dejaba llevar como suspendida en el tiempo.

Al caer la noche mis ojos amenazaban con cerrarse.

-Un poco más —me decía a mí mismo en voz alta, tratando de darme fuerzas.

-Un poco más —repetía Generosa, acentuando su compañía.

Después de largas horas de aburridas planicies, asomaron majestuosas las voluptuosas montañas bañadas de blanco. Mi compañera tembló, acompañando el súbito cambio de temperatura. Mantuvo un típico silencio, impertérrita, como esperando su derecho a réplica. Yo recordaba el comienzo de nuestra aventura.

-¿Qué trae? —me había dicho el oficial de inmigración.

-Sólo a mi compañera —le contesté guiñándole un ojo y cabeceando en dirección a mi copiloto.

No sé si fui yo que soñé con ella o ella que soñó conmigo. Nos mantuvimos pegados, tratando de acumular un poco de calor. Su temblor se confundió con el movimiento de la tierra. Aquellos pequeños ojos brillantes se reflejaron en los míos, penetrando intensamente en el interior de mi ser. Mi acuosa retina produjo olas de simétricas dimensiones. Nadaron nuestras imágenes, dejándose llevar por la corriente sinuosa y gelatinosa.

Un segundo temblor, más fuerte que el anterior, nos despertó. La noche no me asustó; antes bien me provocó a caminar con mi acompañante a cuestas, por las planicies bañadas por la luz lunar. Caminamos hasta que el crepúsculo nos salió al paso. Perdimos la orientación de los puntos cardinales. Las horas trajeron más confusión. Sofocados, intoxicados por el agotador calor californiano, por momentos sentíamos que pisábamos territorio mexicano.

Luego de intensos momentos de ininterrumpido andar, infinitas luces coparon el horizonte. Desde arriba observamos el espectáculo, sintiéndonos dioses omnipotentes ante los diminutos luceros. Nos apuramos para alcanzar la ciudad, pero cuanto más avanzábamos, más lejos vislumbrábamos nuestro destino. ¿Cuánto tiempo me faltaría hasta encontrar a alguien de mi misma especie?

No sé qué me produjo alergia, pero comencé a toser tan fuertemente que mi acompañante volvió a temblar, pero esta vez no por un movimiento telúrico. La reconforté con mis caricias…

Por fin llegamos a la ciudad, que más bien era un pueblito fronterizo apenas dotado de los servicios mínimos. Una vez más volví a sentir que estaba en mi tierra natal. Pasamos por un enorme ventanal, tan sucio y descuidado como las ventanas de mi auto. Me pareció ver algunas imágenes que se movían como con una especie de ritmo monótono. Mi curiosidad me obligó a acercarme para ver de qué se trataba. Mi compañera se puso nerviosa. Yo también. Ahora era yo el que actuaba como replicando sus gestos.

Hombres y mujeres se contoneaban al compás de sus máquinas de coser. Encorvados como viejos moribundos, esos seres miserables no eran conscientes de que estaban siendo observados. Me sentí libre, sí, más libre que nunca. Comencé a contar mis pasos; llegué a sentir cómo cada músculo de mis pies, mis piernas, mis glúteos y mi cintura, se apoyaban los unos sobre los otros, como si fuera un efecto dominó, para permitirme un andar armónico, cadencioso, rítmico y hasta monótono. ¿Cómo podía ser yo tan consciente de mis movimientos y de cada una de las partes de mi cuerpo, mientras aquellos seres recluidos tenían una existencia tan poco alerta y tan poco humana?

Estaba pensando eso cuando observé que mi acompañante clavaba sus ojos en los míos, como si comprendiera el objeto de mi reflexión. Eso me impulsó a seguir andando, aunque no podía deshacerme de las imágenes de esos seres que se movían como autómatas. El rugido del motor se mezclaba con el ruido de las máquinas de coser, aunque este surgía de mi imaginación, ya que nunca había yo estado cerca de uno de esos animales metálicos. De igual forma, las líneas intermitentes de la carretera se confundían con las de la ropa que armaban aquellos esclavos de la maquila...

El viaje se volvió a vestir de monotonía. Los autos se apuraban por derecha y me pasaban volando por izquierda.

Las nubes cubrían el sol para dejarlo luego encandilarnos sin piedad, mientras las gotas de sudor recorrían mi rostro produciéndome un cosquilleo adormecedor. Las ventanas abiertas no ayudaban sino a permitir el paso de un remedo de cálida brisa odiosa que ayudaba a producir una fatiga generalizada. Los párpados luchaban por no desplomarse, engañándose con la esperanza del "un poco más." Caí en un sopor acompañado de ruidos metálicos…

Luego de largas horas de transitar por infinitos caminos, llegamos al pueblo cuyo destino apenas había vislumbrado. Contaba sólo con un par de nombres de amigos de conocidos. Ellos me habrían de orientar tanto para conseguir trabajo como para buscar un lugar donde vivir. Yo siempre había sido optimista, pues mal que mal todo me había salido bastante bien en mi vida. Pero los dueños de esos nombres se habían ido del pueblo hacía ya varios años, impulsados por la necesidad de buscar nuevos horizontes, luego de haber tenido que soportar persecuciones y corridas de la "migra" (como se conoce a los agentes de inmigración). Los agentes de policía también cooperaban con los del Servicio de Inmigración en numerosas redadas que a diario realizaban en lugares de trabajo donde típicamente podían encontrar a muchas personas de origen latino.

Vi pasar un grupo de reclusas encadenados. Curiosamente, los famélicos seres vestían uniformes de color rosado, medida que sólo servía para burlarse de su masculinidad. El sonido de las cadenas, matizado con el rumor del quejido de algunos hombres, daban un panorama que se asemejaba a aquél de la época de la esclavitud. No, no eran criminales. Simplemente carecían de documentos migratorios cuando se toparon con las fuerzas del orden público. Alcancé a percibir la profunda tristeza que emanaba de aquellos rostros cuyos gestos indicaban una absoluta resignación. Me sentí impotente ante tal panorama desolador. Me hubiera gustado atravesar mi auto para impedir la prosecución de semejante espectáculo vergonzoso. Hubiese querido gritar con toda mi alma, pero en lugar de eso me refugié una vez más en los ojos de mi acompañante. Y pensé en los campos de concentración de la Alemania nazi, y en los campos de tortura de la Argentina de las dictaduras militares, y en el Chile de Pinochet, y en tantas desgracias ocurridas durante décadas de oprobio y represión. Sentí la herida abierta de la frontera. Pero no, eso que estaba viendo no podía ser posible en el país más democrático del mundo. Llegué a fantasear con la posibilidad de haberme equivocado de camino; tal vez mi acompañante me distrajo demasiado...

Por primera vez me sentí solo y sin rumbo fijo. Tendría que conseguir un trabajo si no quería morirme de hambre. ¿Sería posible desandar el camino? Y de ser así, ¿hasta dónde? ¿Me lo permitiría Generosa? ¿Sería tan paciente como para aguantar un regreso marcado por la desesperanza?

Emprendimos el regreso. Apenas pude balbucear algunas frases simples en spanglish, pero me alcanzó para comprar unas latitas de atún y un poco de pan. Con eso sobrevivimos mi compañera y yo; más una banana en estado de descomposición que encontré en un cesto de basura. Aun así, me sentía privilegiado en comparación con aquellos seres vestidos de rosado que circulaban encadenados por las calles.

Concebí una idea que al principio me pareció una locura: trabajar en aquel lugar infernal que había visto a través de un sucio ventanal. Tan pronto como deseché ese pensamiento lo volví a considerar. Se lo propuse a Generosa pero me dio la espalda de inmediato, como si supiera más que yo lo que me deparaba el destino. No me importó. En ese momento no me importaba más que ganarme el sustento. Incluso consideré el hecho de que mi compañera también había hecho bastantes sacrificios durante el viaje como para merecer un futuro mejor.

El camino de regreso nos pareció mucho más largo que el de ida. Traté de parar lo menos posible; sin embargo, en cada tramo del camino experimenté un cansancio mayor que el anterior. Por su parte, mi acompañante demostraba su fatiga con su silencio.

En cada parada noté que habían puesto carteles advirtiendo sobre el peligro de la gripe A. Estaban en inglés y en español. Se informaba sobre la importancia de vacunarse y que eso podría hacerse de forma completamente gratuita. Pero se debía presentar documentación acreditando la permanencia legal en el país.

-Que se pongan la vacuna en donde no les da el sol – exclamé.

-Sol... sol... -replicó Generosa como si fuera mi propio eco.

Nuevamente el sol de la mañana me encandiló con sus ardientes rayos. Esta vez fue ella la primera en intoxicarse; me pareció verla recostada en el asiento trasero. Yo conducía como en estado de trance. Automáticamente. Concluí que esas imágenes eran simplemente asociaciones libres de mi subconsciente. Pero seguí, cansino...

Me pareció que el ventanal estaba más limpio que antes, pero no obstante era más translúcido. Esos seres que se movían como autómatas ahora me parecían más irreales que antes. Un gemido emitió mi acompañante, como si me quisiera dar una advertencia.

Entré sigilosamente. Nadie pareció notar mi presencia, pues no hubo ni la más mínima interrupción ni demora del proceso laboral. Las máquinas siguieron produciendo con su ritmo monótono. Observé que todos los trabajadores eran latinos, con la excepción de uno que actuaba como si fuera un supervisor o algo así. Nadie hablaba. Recordé a mi acompañante, y pensé que debía estar sofocada adentro del auto.

Estaba profundamente inmerso en mis pensamientos cuando una turba uniformada irrumpió violentamente en el lugar. No entendí ni una palabra lo que vociferaban. Mis recuerdos llegan hasta el momento en que recibí un fuerte golpe en la cabeza. Ahora solo puedo revivir esas imágenes que se repiten como en sueños, mezcladas con las de estos barrotes negros. Ya ni siquiera tengo el eco de mi acompañante.

-¿Qué habrá sido de ella? —me pregunto una y otra vez.

Era una noche cerrada. Todas las voces se apagaban para siempre.

-Sigue con una fiebre muy alta —musitó uno de los guardias.

-Dicen que ya no llegará a ver la luz del día —señaló otro.

Buen trabajo

Mariana estaba contentísima con su nueva profesión en el nuevo país, y con sus jóvenes veintidós años se aprestaba a emprender un desconocido camino en su vida.

Después de recibirse de secretaria ejecutiva, salió a enfrentarse al mundo laboral con un arsenal de ilusiones y expectativas propias de su edad y situación. ¡Cuántas cosas nuevas iba a aprender! Tantas personas, compañeras de trabajo, amigas, relaciones que habrían de colmar sus ansias de dar y recibir afecto. Hasta ese momento su universo se había limitado a su familia, muy cariñosa por cierto, compuesta por sus padres y un perro que había llegado a ocupar el vacío dejado por un hermano desaparecido en una guerra algunos años atrás.

La empresa que le dio la primera gran oportunidad de trabajo no era ni muy grande ni muy chica; contando con unos cincuenta empleados existía la posibilidad de llegar a conocer en poco tiempo a la mayoría de ellos. Y ese fue precisamente el propósito de Mariana: llegar a establecer muy buenas relaciones con sus compañeros, y si fuera posible llegar a tener muchos amigos. En la división a la que ella pertenecía, a cargo de la exportación de productos manufacturados, se desempeñaban otras siete personas más: un jefe, una sub-jefa, cuatro empleados de menor rango y un muchacho que se encargaba de hacer los trámites de la empresa. Al jefe no se lo podía ver casi nunca, pues permanecía encerrado en su despacho la mayor parte del tiempo. La única que tenía acceso a esa oficina era la sub-jefa, la señora Sierra, de manera que si algún empleado quería comunicarse con el jefe tenía que hacerlo a través de ella. Por esa razón es que Mariana nunca llegó a conocer bien al jefe; la única vez que mantuvieron un breve contacto fue el día que la contrataron.

Un halo de misterio encerraba la figura del jefe, aunque esto no parecía preocuparles demasiado a los empleados que nunca hablaban de sus superiores; era como un acuerdo que se mantenía en secreto y que todos respetaban. La sub-jefa en cambio, tenía mucho contacto con ellos porque permanentemente debía distribuir el trabajo y coordinar la labor de todos en su división. Su tarea como supervisora hacía que los empleados la vieran con cierta antipatía y recelo. Sin embargo, su relación con Mariana tomó un rumbo distinto. Siendo la sub-jefa una solterona de un poco más de cincuenta años, la aparición de esa muchacha veinteañera despertó en ella unos instintos maternales que se habían mantenido ocultos durante muchos años y cuya emergencia la sorprendió a ella misma. Nunca antes la señora Sierra había desplegado ni el más mínimo gesto de afecto; hasta ese momento la relación con los otros empleados se limitaba a un brevísimo intercambio de palabras ceñido estrictamente al material con que trabajaban. Con Mariana todo era distinto; cada mañana al entrar en la oficina, subjefa y empleada se embarcaban en una extensa conversación sobre una amplia variedad de temas personales, desde referencias a la apariencia personal, pasando por los gustos de ambas por determinados tipos de arreglos florales, hasta cuestiones políticas y demás sucesos de actualidad. Sin participar, los otros empleados se limitaban a escuchar y mirar absortos el notable cambio experimentado por la señora Sierra. La relación entre ambas mujeres llegó a ser tan cercana que algunos llegaron a sospechar que había algo más que una simple amistad, aunque esto nunca llegó a confirmarse.

De las otras personas que trabajaban en esa división, la de mayor antigüedad era Adela López. A sus sesenta años se había cumplido uno de sus sueños más preciados: el de ser abuela. Su nietecito recién nacido llegó a ser no sólo su mayor tesoro, sino que se constituyó en el principal motivo de interés en su vida. Todo lo demás pasó a un segundo plano: su esposo, su hija, su trabajo, sus amistades. El escritorio de Adela pronto se llenó de fotografías del pequeño, las que desplazaron expedientes, lapiceros, libros de consulta, mapas, e incluso a la computadora. Su nueva situación de abuela la había transformado en una absoluta despistada; nunca se acordaba dónde dejaba los expedientes, ni de las fechas de vencimiento de las entregas de mercadería, ni de las nuevas asignaciones... no se acordaba de nada. Para colmo de males, como una de sus obligaciones era encargarse de hacer un reporte sobre cada uno de los empleados de su división para la oficina de personal, tenía que ser muy cuidadosa en el relevamiento de datos sobre el trabajo de sus compañeros, cosa que le era totalmente imposible. Si no podía ocuparse de sus propios expedientes, mucho menos podía estar al tanto del trabajo de los otros. Su mente estaba absorbida por la imagen de su nieto y por la idea de lograr una jubilación mucho más temprana de lo que hubiera concebido unos pocos años atrás. A pesar de todo, Adela tenía una excelente relación con todos los empleados; su carácter afable la salvaba de tantos errores ante la vista de la sub-jefa. Y después de todo, como era la de mayor antigüedad en la empresa todos estaban de acuerdo en que se le debía tener una consideración especial. Además, se murmuraba que algún tiempo atrás había tenido un romance con el jefe, lo cual le garantizaba que nadie se metiera a discutir con ella.

Adela pensaba que algún día en un futuro no muy lejano, Mariana podría llegar a ocupar su lugar, lo cual la tranquilizaba porque esto estimulaba aún más su fantasía de jubilarse pronto. Inconscientemente, y sin que nadie alcanzara a percibirlo, Adela comenzó a transmitirle a la nueva empleada sus conocimientos relativos al manejo de expedientes y fue enseñándole cómo se hacían los reportes sobre los empleados de la sección. Muchas veces llegaban al extremo de no darse cuenta del fin de la jornada laboral, y el entrenamiento se extendía por más de una hora extra. Mariana estaba muy contenta por lo rápido que iba aprendiendo y porque percibía que su compañera ponía un gran esfuerzo en ayudarla de manera desinteresada.

Alberto Torres, un joven de la misma edad de Mariana, había sido contratado el año anterior. Para él ese era un trabajo provisorio pues, siendo un aplicado estudiante de arquitectura, su mayor deseo era el de recibirse pronto y conseguir un trabajo en su campo. De manera que ser un empleado de esa empresa y tener un salario tan bajo eran dos cosas que frecuentemente lo deprimían. Mariana lo consideraba bien parecido, y le hubiera gustado conocerlo más profundamente; sin embargo, la timidez de Alberto sumada al hecho de que siempre estaba muy ocupado con sus proyectos para las clases de la universidad, hicieron que no se pudiera establecer una fluida comunicación entre ellos.

Elena Chávez era probablemente una de las que tenía la vida más complicada, pues con cinco hijos pequeños (todos en la escuela primaria), luego de sus ocho horas de trabajo le tocaba recoger a los hijos de la escuela y cumplir cabalmente el papel de madre. Su esposo pertenecía a la Marina, y estaba destacado por un período de tiempo indeterminado en el Japón. Esa situación le había creado una gran ansiedad y una intensa necesidad de comunicarse con los demás. Es por eso que Elena no paraba de hablar; con mucho o poco trabajo, ella hablaba y hablaba todo el día. Todos trataban de evitarla, no tanto por su gran locuacidad sino más bien porque todos los temas que trataba se referían a sus hijos y la escuela a la que asistían.

Elena pronto vio en Mariana un par de orejas atentas. Y la muchacha, siendo nueva en la empresa, no tuvo más remedio que aguantar aquellas largas peroratas.

La que menos se preocupaba tanto por cuestiones personales como por las relativas a su trabajo era Esperanza Villalobos. A pesar de ser una madre soltera, parecía tener solucionados todos los problemas relacionados con la crianza y educación de Víctor, su hijo de ocho meses. Recibía bastante ayuda del estado: cupones para comprar cereal, leche, huevos y jugo; atención médica gratuita; y hasta una vivienda a precio reducido. Por orden del jefe, la señora Sierra debía tenerle una consideración especial, cosa que a la sub-jefa no le agradaba mucho pero que cumplía sin quejarse.

Juan Carlos, el muchacho encargado de llevar a cabo ciertos trámites de la sección, era tratado con displicencia por la mayoría de los empleados. A pesar de no tener una sólida educación formal, tenía la capacidad de entender el funcionamiento de la sección y conocía casi todo el trabajo desarrollado por los otros empleados, a tal punto que de ser necesario hubiera podido reemplazar a cualquiera. Además, tenía la capacidad para hacer un análisis introspectivo y hasta cierto punto podía entender la sicología de cada uno de sus compañeros. Comprendía plenamente cómo había evolucionado la dinámica de la relación de los miembros de su sección con la llegada de Mariana.

Puesto su objetivo en lograr un futuro promisorio, Mariana se enfocó cien por ciento en su trabajo, dejando postergadas otras metas personales que pudieran entorpecer el aprendizaje que llevaba a cabo en la empresa. Pronto se ganó la confianza y el afecto de todos los empleados de su sección. A los pocos meses de estar en ese trabajo, obtuvo un significativo aumento de salario; éste había sido autorizado inmediatamente por el jefe a pedido de la señora Sierra. Claro que con ese aumento en realidad Mariana llegaba a tener un sueldo dentro de los parámetros 'normales' de la empresa, ya que había empezado a trabajar con un pago de aprendiz y sin beneficios. Así, pasaba a la misma categoría que sus compañeros de trabajo. Otro de los grandes 'triunfos' que logró al cabo de poco tiempo fue el que la cambiaran de escritorio; habiendo empezado en un escritorio pequeño ubicado en una de las esquinas más oscuras de la oficina, la trasladaron a una mesa de grandes proporciones frente al único ventanal con vista a un hermoso jardín. Daba la impresión de que le habían dado un nombramiento especial.

Debido a la gran simpatía de Mariana, ninguno de esos éxitos logrado en su trabajo despertaba envidia en sus compañeros. Al contrario, éstos la trataban cada vez con más deferencia.

Al cabo de un año de intenso entrenamiento, Adela pensó que era un buen momento para poner a prueba lo que Mariana había aprendido. Al tomar sus vacaciones, Adela le pidió a la sub-jefa que, durante su ausencia, la muchacha se hiciera a cargo de su trabajo. Sin pensarlo dos veces la señora Sierra dio la autorización correspondiente. Claro que era una gran responsabilidad, especialmente por tener que encargarse de los reportes del personal; sin embargo, Mariana contaba con la supervisión constante de la sub-jefa. Esto, aunque ponía un poco más de tensión en el ambiente, le hacía temer menos la posibilidad de cometer algún error. Nadie se quejó por este cambio; al contrario, varios de los empleados trataron de sacar alguna ventaja de la nueva situación. Alberto, por ejemplo, intentó que Mariana reportara que él había estado a cargo de la preparación y el envío de mercadería uno de los días en que, en realidad, había faltado para tomar un examen en la universidad.

Todos estos intentos fallidos pasaban pronto al olvido, aunque no dejaban de crear cierto malestar en la muchacha.

En esa época, precisamente, Esperanza acababa de tener un segundo hijo; y por segunda vez en su vida, el padre de la criatura desaparecía sin dejar huellas. A Víctor lo dejaba todo el día en una guardería estatal, pero al recién nacido -Manuelito- no se lo aceptaban. Esperanza no tuvo más remedio que instalarlo en su oficina. Al principio no fue muy complicado, pues con un Moisés al lado de su escritorio, Esperanza pensaba que había solucionado todos los posibles inconvenientes creados por la nueva situación.

Pero a los pocos meses tuvo que comprarle un andador, lo cual le daba a Manuelito la posibilidad de descargar parte de la gran energía que pugnaba por expresarse. El pequeño se desplazaba con tal aire de independencia que pronto le llevó a ganar el apodo de "supervisor". Paseándose de escritorio en escritorio, abría y revolvía los expedientes con gran velocidad. Por momentos, el piso de la oficina llegaba a tener más papeles que los propios escritorios. De todo su recorrido, Manuelito tenía un lugar favorito: el gran escritorio de Mariana. Si bien ella le tenía una gran paciencia, a veces se veía obligada a llevar a Manuelito al escritorio de

Esperanza, pues no sólo no podía hacer su trabajo sino que comenzaban a perderse documentos importantes. Varios empleados se quejaban de inexactitud en los reportes de personal.

El único momento en que Mariana podía trabajar tranquila era cuando Esperanza y su hijo se iban al fin de la jornada de trabajo. Aquélla no tenía más remedio que quedarse a trabajar horas extras para poder terminar los reportes y avanzar un poco su propio trabajo. Esperanza solía decirle que le prestaba a su hijo para que fuera entrenándose: "Para que estés preparada cuando tengas tu propio hijo." Pero Mariana no pensaba en tener hijos; seguía enfocada en progresar en su trabajo.

Llegó la semana en que Alberto tenía que tomar los exámenes finales. La única que podría salvarlo, pensó, era Mariana. Sólo le dejaría los expedientes más urgentes, aquellos que estaban atrasados y requerían de atención inmediata. La muchacha recordó la época en que ella tomaba exámenes, lo mucho que sus nervios la traicionaban, lo injusto del sistema de exámenes finales, lo incomprensivos que a veces eran sus padres con ella... No pudo negarse a ayudar a su compañero de trabajo. Después de todo, sólo eran unos expedientes más.

Una noche en que Mariana se había quedado hasta muy tarde, su cansancio la venció y se quedó dormida. A la mañana siguiente, Juan Carlos, que había llegado temprano para limpiar la oficina, la encontró recostada en un sillón.

Muchas cosas pasaron por la mente del muchacho. Le daba lástima despertarla; sabía lo mucho que ella se sacrificaba por su trabajo... y por sus compañeros. Estaba al tanto de las interminables horas extras que ocupaban la vida de la pobre infeliz. Alcanzaba a percibir una especie de injusticia que se estaba gestando en ese lugar, pero que nunca se había animado a definir en palabras. Por otra parte, si no la despertaba era posible que el jefe la encontrara allí, y viera el estado deplorable en que se encontraba la muchacha. Afortunadamente no tuvo que hacer nada; Mariana fue despertada por el timbrar del teléfono. Juan Carlos salió rápidamente de la oficina para no ser visto y no hacerla sentir mal. Luego de atender aquella llamada equivocada, Mariana se dirigió al baño para ponerse "un poco decente" -pensó.

Ese día la sub-jefa estaba de un ánimo muy especial, pues se acercaban las fiestas de fin de año y reinaba en la ciudad un ambiente de gran algarabía. La señora Sierra tomó gran parte de la mañana para decorar la oficina. Dada su relación especial con Mariana, le pidió que la ayudara a poner "unos cuantos detalles femeninos a esa oficina tan fría" -señaló de manera jovial.

Faltando cinco minutos para la hora de salida, la sub-jefa convocó a una reunión con todos los empleados de la sección. Luego de expresarles lo orgullosa que estaba por el tan eficiente funcionamiento de esa división, y por la gran responsabilidad demostrada por cada uno de los empleados, les dijo que tenía que pedirles un favor. Para la Navidad, uno de los empleados debía estar presente; alguien debía encargarse de cumplir con los pedidos de mercadería que llegaban del exterior. Una persona sería suficiente para hacerse cargo de esa importante tarea.

El primero en hablar fue Alberto. Expresó sus grandes deseos de ayudar y destacó su gran amor por la empresa.

Pero él no podría quedarse esta vez, pues debía terminar un proyecto urgente para la universidad y eso lo obligaría a trabajar duramente incluso durante las fiestas.

Adela le siguió en el uso de la palabra. Su hija y su yerno saldrían durante el fin de semana y ella debía hacerse cargo de su nietecito.

Elena se disculpó diciendo que tenía que pasar la Navidad con sus cinco hijos; que ella era muy católica y que debía llevar a su familia a la iglesia. En el momento en que Elena estaba hablando, Esperanza la interrumpió diciendo que ella tenía que salir inmediatamente para recoger a Víctor de la guardería, y agregó:

-No cuenten conmigo. Yo tengo dos hijos pequeños que cuidar.

Juan Carlos pensó ofrecerse para trabajar en Navidad, pues percibía que algo malo iba a suceder. Pero cambió de idea al reflexionar sobre su condición de mensajero/ordenanza. Nadie le haría caso; nadie confiaría en él para llevar a cabo esa tarea. Y decidió entonces mantenerse callado, y siguió observando con grandes expectativas cómo se resolvía la situación.

Antes de salir, Esperanza dio lo que consideraba la única solución posible: debido a que Mariana era la única de las mujeres que no tenía hijos, ella era la persona indicada para quedarse en la Navidad.

Las miradas de todos quienes estaban en la oficina se dirigieron como flechas hacia Mariana. Un ambiente de gran nerviosismo y silencio reinó durante largos segundos que a todos les parecían eternos. La muchacha, convertida en el único foco de atención, se creía obligada a responder. Pero sus labios no le permitieron decir nada; sólo temblaron sin cesar. Su rostro enrojeció súbitamente (tal vez de vergüenza o quizás de impotencia). Y sus ojos se llenaron de lágrimas.

Todo se había solucionado de la manera más democrática posible; la sub-jefa no tuvo que tomar una decisión de manera autoritaria sino que dejó que los empleados resolvieran el problema por ellos mismos. El jefe sólo tuvo que estampar su sello y poner su firma sin participar de lo que pudo llegar a ser un conflicto.

Esa Navidad no tuvo nada especial para Mariana. Fue como cualquiera de los otros trescientos sesenta y cuatro días del año.

Después de las fiestas, la sub-jefa quiso asegurarse de que Mariana fuera consciente de lo agradecidos que sus superiores se sentían de ella:

-Mariana, en agradecimiento de su trabajo durante las fiestas, el jefe mismo, PERSONALMENTE, desea darle una felicitación especial.

Las palabras de la sub-jefa no tuvieron un gran impacto en la pobre muchacha quien, caminando como una sonámbula, se dirigió al despacho del jefe sin decir nada.

Nunca nadie supo lo que pasó dentro de esa oficina. Ni Mariana ni la señora Sierra comentaron nada. Lo que sí todos percibieron fue un cambio en el interior de Mariana, aunque nadie pudo entender qué pensaba exactamente.

Eso sí, se volvió menos comunicativa, incluso con la sub-jefa. Pasó un período de tiempo muy aburrido para todos los empleados de la sección. Los días parecían más largos para todos.

Adela, a pocos meses de jubilarse, cada vez ponía menos interés en sus compañeros. Elena seguía dedicada especialmente a sus cinco hijos, pero ya no contaba nada sobre ellos, pues ni siquiera Mariana estaba dispuesta a escucharla. Alberto, siempre "a punto" de graduarse, seguía con sus exámenes y proyectos universitarios interminables.

Esperanza estaba más tranquila con sus dos hijos en escuelas públicas; aunque frecuentemente tenía que pedir un permiso especial en la empresa para llevar a sus hijos al médico. La sub-jefa cumplía su trabajo de supervisión con una frialdad absoluta, como lo hacía antes de la llegada de Mariana.

Juan Carlos ya no quería pensar más en cuestiones de trabajo, justicia, ni nada que tuviera que ver con los empleados. Simplemente se limitaba a llevar mensajes y a limpiar la oficina, tareas que desempeñaba con eficiencia aunque sin mucho entusiasmo.

El tiempo siguió transcurriendo sin mayores novedades. Hasta que una Noche Buena en la que Mariana estaba sola en la empresa como todos los años, hubo cierto movimiento.

La muchacha pensó primero que ese movimiento provenía del escritorio, de algún expediente. Revisó uno por uno los papeles que se amontonaban en su escritorio: reportes de personal, asignaciones, referencias, documentos atrasados, mercaderías, exportación, una foto del nieto de Adela que se había traspapelado... Dentro del desorden, todo estaba en orden. Sólo ella podía dar cuenta de cada uno de aquellos papeles que parecían no corresponder a ningún rubro específico, pero que Mariana conocía tanto como a sí misma.

La muchacha se sentía más cansada que nunca, como si el trabajo desarrollado a lo largo de todo el año quisiera cobrarle una cuenta atrasada a su debilitado cuerpo. Al cabo de varias horas, una duda penetró en su mente: provendría ese movimiento de aquellos papeles y expedientes o de su interior mismo. Una risa extraña recorrió su rostro.

Automáticamente llevó sus manos a su vientre. Por un momento sintió que las yemas de sus dedos le transmitían cierta energía especial. De repente, sus manos sintieron algo así como una ola de mar. Todo su cuerpo comenzó a temblar. ¿Miedo? ¿Emoción? Ni ella misma hubiera podido explicarlo. El único pensamiento que cruzó por la mente de Mariana fue sobre la próxima Navidad; estaba segura de que habría de ser muy distinta... y quizás muy lejos de ese gran escritorio lleno de papeles y expedientes. Por primera vez en su vida se sintió como los demás... tal vez a partir de ese momento podría gozar de las mismas ventajas y los mismos derechos. La emoción que la embargaba se mezcló con un profundo sentimiento de tristeza...-

Made in the USA
Charleston, SC
04 November 2016